Future SWOTが組織を変える

社員のアイディアを吸い上げて、
会社の10年後を見通せ！

ニシダ ジュン◉著

ロギカ書房

はじめに

世の中には、社員がキラキラと輝いていて、社長に負けないくらいいつも仕事のこと、会社のことを考えている、という素晴らしい会社が存在しています。そうかと思うと、十年一日のように同じことを繰り返し、上司が「言われたことしかしない」とこぼす社員ばかりの会社もあります。いささか極端な例ですが、パート従業員が「自分の買い物は自分が働いている店ではしない」というスーパーがあったりします（実例です）。

多くの会社はこのような極端な例ではなく、そこそこの従業員満足度を実現しながらも、たまに発生する若手社員の中途退社などの労務課題を抱えています。

詳しくは本書をお読みいただくとして、会社でFuture SWOTを使ったアイディア出しのワークショップを行うと、次のような効果があります。

①社員から、普段は出てこないような情報やアイディアを吸い上げることができる。

ついつい報告されずに終わる様々な情報を参加者の共同作業で掘り起こすことにより、見過ごされていた価値を発掘・精製できる「アイディア・マイニング」の効用です。

②社員のアイディアに基づいて、将来の市場環境に沿った戦略を構築することができる。

1日が24時間なのは人間皆同じですが、その時間を使って何を見ているか、は個人によって違います。営業マンと技術開発担当者では、市場観察の目線も違うので、何人かでアイディアを出し合うことでより市場環境に沿った戦略を検討することができるのです。

③社員発の戦略を具現化することで、社員の士気が高まる。

自分のアイディアが実現することで動機づけがなされるのは、人間なら至極当たり前の話です。しかも想定するのは「今から10年後の将来」です。漫然と中途退社を考える若手人材の流出を予防するためにも効果的な施策です。

④①~③を繰り返すことで、社員が会社のコアファンになる。

心理的に轍がつくことで、会社への信頼度はぐっと高まります。会社組織は筋肉質で躍動感あふれるものへと変質します。これこそがFuture SWOTが目指す究極のゴールなのです。

他方で、この施策を実現するためには経営者の強い覚悟が必要になります。

① 社員に考え方を提示する盤石な「経営理念」

② 提案を聞くことのできる「度量」

③ 提案を実現するための「投資余力」

本書を通じて学んだことを活かすためには、まず経営者自身が勇気を持って変わらなくてはいけない、という場合も少なくないかもしれません。

時代の変化に伴い、社会のあり方が変わる中、会社組織のあり方もまた大きく変化することが求められています。本書が、夜の海を行く船にとっての灯台のように、経営者にとっての拠り所となってくれることを祈念しています。

2019年 2月

株式会社FSコンサルティング
代表取締役　ニシダ ジュン

目次

第2章 死蔵されている、社員発の情報

第3章
潜在情報「ソウイエバ記憶」の集め方

第4章 情報を吸い上げる仕組みを事業で展開させるには

第5章 歴史上の大失敗と情報の関係

第6章　社内波及と長期繁栄のための体制づくり

これでわかった！ Future SWOT 実践ガイド

第1章

情報を吸い上げる仕組みが会社の命運を決める

クライアントが社員にささやいてくれた、誰も気づいていない生き残りのカギ。製造現場が見つけた新技術。開発現場だけが気づいている最高の差別性。そんな知恵や情報のうち、一体どのくらいが経営トップに届いているか、あなたはご存知ですか？

本書は、生き残りや成長のカギとして、「社員が持つ情報をもっと活用したい。そのための仕組みを社内につくりたい」と真剣に考える経営者のために書きました。経営者自身が持つ哲学や知識・経験に基づいた戦略策定について解説した本は星の数ほどありますが、「社内に眠る有用な情報」を掘り起こすことは、一見回り道のように見えるためか、これまであまり注目されませんでした。ところが実は、これは圧倒的に強力な方法だったのです。

私はこれまで30年以上にわたり、企業や組織の中で少人数のグループが果たす役割や、グループ内の効果的な情報共有の手法について考え、実践してきました。

実務面では、世界各国の中小企業支援に関わる中で、組織における真の情報共有とは何か、それを活かす経営とはどういうものかをモデル的にまとめ、コアとなる部分をツール化することに成功しました。

本書で紹介する方法は、いくつかの会社で実際に使われ、顕著な成果を挙げています。

その基礎になった情報やアイディアの発掘・共有の方法を、私は「アイディア・マイニング」と名付けました。マイニングとは鉱山業のことで、情報・アイディアの発掘が地下深く眠る鉱物資源を掘り出すことに似ていることから名付けたのです。

そもそも最前線で顧客と接するのは社員個人であり、製造や開発の現場で製品や技術に携わるのも、社長ではなく専門家の社員である場合が圧倒的に多いわけです。最前線で働く社員の報告されずに眠っている情報やアイディアにも、メシのタネにつながるものが、まだたくさんあるのです。

掘り出された情報やアイディアが精製されて、現実に経営課題として採用されれば社員の士気がぐんと高まり、職場に強い一体感が生まれます。これは自分たちのアイディアが実現する手応えを肌で感じられるからこそ起こる現象です。そしてアイディア・マイニングに参加した社員の多くは、会社の熱烈なファンとして経営を支えるようになります。ファンとなった社員は情報面でますます会社に貢献してくれるようになり、その結果、会社の収益は自動的に上がります。

この方法の導入プロセスは、コンサルティング手法としてパッケージ化され、「明日のメシネタコンサルティング」（明日コン）という名前で様々な方面で注目を浴びています。

私は、コンサルティングの核となるアイディア・マイニングのプロセスだけを抜き出したワークショップも実施していますが、そのために開発されたカードゲーム〝Future

SWOT〟は、各方面で高い評価をいただいています。これは「10年後の会社の姿を想定してSWOT分析をしてみる」というワークショップをパターン化したもので、本書で紹介していますが、チームワークの良いグループであればカードが無くても、これに近いワークショップを行うことが可能です。

本書をお読みいただければ、社員の持つ情報・アイディアを活用することが企業の戦略を考える上でどれほど効果的でかつ重要なのかが分かるはずです。そして、それが多くの日本企業にとって、今日的な課題である業務効率化や働き方改革によって生じる様々な変化に対応するための特効薬であることを、ご納得いただけるはずです。

「働き方改革」が会社を殺す

少子高齢化の進展に合わせた経済再生政策と符合して、各方面で「働き方改革」が言われています。人口減少による人手不足とも相まって、新卒求人はどこも引く手あまたであり、バブル前夜の再来を見るようです。

あまたある日本企業の中で、最後まで週休２日制の実施が遅れていた建設業でさえ、「そうしないことには新人が来ない」という理由で土曜日を休みにするようになっています。残業の削減や定時退社の推進、有給休暇の積極的な取得や子育て支援など、これまでにない規模で施策が講じられています。その中で特に「業務」の効率化が叫ばれ、企業では様々な対応策が取られつつあります。

しかし、ちょっと考えてみましょう。会社は業務成果を求める中、働き方改革を推し進めようとすると何が起こるのか。

製造業における生産管理の世界では、始業から終業までの「操業時間」から必要な休止時間を差し引いた時間を「稼働時間」と言い、その中で価値を生み出した時間を「正味稼働時間」あるいは「価値稼働時間」と呼んで、操業時間との差異（価値を生まないのだから、いわば無駄な時間です）を少なくすることが追求されてきました。

業務効率化という旗印の下で今、オフィスで起ころうとしている働き方改革の方向性もこれに近いものです。そうすると、操業時間すなわち出社してから退社するまでの時間を、どれだけ正味稼働時間すなわち売上げを上げるための活動に使えるかという視点で、勤怠管理が進められることになります。通勤時間を削減するための在宅ワークや、自宅近くのコワーキングスペースなどでの勤務時間が認められる場合が、これにあてはまります。

そうなると、社員と管理職、社員と経営者が顔を合わせる機会が、従来に比べて格段に減ります。そもそも、社員が職場で管理職や経営者とただ顔を突き合わせているだけの時間は、営業活動でも生産活動でもありません。売上げに直結しないのですから、原則として優先的に削減されます。むろん、それが全くなくなるわけではなく、例えば、月次の定例報告会など最低限のものは確保されるのですが、結果として管理職や経営者が社員と会社内で顔を合わせる機会は、長時間勤務が当たり前だった昭和の時代と比べると激減します。

すでにお気づきだと思いますが、会社にとって最も重要な、営業最前線の情報をもたらしてくれるはずの社員とフェイス・トゥ・フェイスで管理職・経営者が接する時間が大幅に減ってしまうのです。この「働き方改革」がもたらす負の側面に警鐘を鳴らす識者はまだ多くありません。

企業側も手をこまねいているわけではなく、社員からの報告書を充実させる、あるいはＳＮＳやテレビ会議などを使って報告機会を多くするなど対策を講じています。しかし対策は所詮対策にすぎません。

そもそも、「働き方改革」が言われる前ですら、社内でのコミュニケーションを苦手と感じる人が全体の5割を超えていたという調査もあり、従来も円滑な情報伝達が行われていたわけではありません。

それでも、１９６０、７０年代の高度成長期のように経営者と社員が同じ空間と時間を長く共有できた時代であれば、経営者の関心が雑談の話題に上ることもあり、話に引きずられるように「そういえば…」と連想を働かせて社員が自分たちのアイディアを披露する、そこからさらに共創的な議論が広がるといった展開がありました。自動車メーカーのホンダに伝わる「ワイガヤ」の文化などに、その頃の様子を垣間見ることができます。

時代は移り、少子高齢化の21世紀、働き方改革が待ったなしで進行する中にあっては、社員旅行や飲みにケーションに、かつてのような時間を費やすことが難しくなってしまいました。

ではどうすれば良いのか？

本書は、「社員が持っている様々な情報やアイディアを活用する方法と、自社でその方法を実施するための仕組みづくり」について書いた本です。

伝えたいことは、たとえ在宅ワーク中心の働き方になったとしても、社員の知見を経営に活かせるように引き出す方法があるということです。しかし、会社側が何ら手を打たなければ、フェイス・トゥ・フェイスのコミュニケーションが希薄化する中で、社員個人が持っている様々な情報やアイディアの多くが、経営に活用されることなく埋没し、やがて忘れ去られてしまうということです。

日常業務の中で見過ごされている社員の目撃情報、知見・経験を意図的に掘り起こすことで、お客様の声や製品・技術の本質に基づいた、生き残りと成長の決定的なカギを効率的に得られるとしたら、そしてそのプロセスを通じて、参加した社員の多くが会社の熱烈なファンになるとしたら、経営者であるあなたは、その仕組みづくりをご自分の会社で試してみたいとは思いませんか？

S社の事例

●経営のニーズはどこにある？

Z県に工場を持つS社は、社員200名ほどの中堅企業で、創業以来80年にわたって主にリサイクルによる金属資源の活用を行ってきた老舗企業です。

私がお付き合いするようになったのは、それまでほとんど海外と仕事をしたことのなかった会社なのに、市場環境の変化によって海外とのビジネスが急増しそうなので、社員の能力づくりに関するアドバイスがほしい、という要請がきっかけでした。

聞けばS社は前年度に社長交代を済ませたばかり。50代半ばの新社長は、同社生え抜きの技術屋さんで、リサイクル技術や設備関係については社内随一の知見を有している方でした。

「ウチには海外と仕事をしたことのある社員はほとんどいません。それどころか、会社として海外との取引をした経験値もごく限られるので、海外戦略についてニシダ先生の知見をお借りしたいのです」

紺色のスーツが良く似合う社長は、飾らない中にもしっかりと会社のニーズを説明してくれました。

「社員の基礎的なレベルは低くないと思うのです。でも、およそ海外と仕事をする心構えができていない。社員の多くが言われたことしかしない上に、チャンスを与えても、負荷が増えたと愚痴が出てくるなど、とても海外の仕事をこなしていける状態にはない」

チャコールグレーのダブルの背広が似合う専務からも、社内の現状について簡潔な説明がありました。

「分かりました。それではまず、社内の担当者と話をしてみましょう」

そう言って私は、営業課長以下の担当スタッフ1人ひとりに話を聞くことから始めました。

その結果分かったのは、課長以下の担当者全員が、国内事業のみでは会社が行き詰まることを頭では理解しているのに、海外事業へどう踏み出せばよいかについて、ひたすら経営陣の顔色を窺いながら指示を待っているという事実でした。

海外への取り組みについての情報収集はある程度進んでおり、担当者レベルでは各種セミナーに出席したり、海外調査案件などにも積極的に応募するなど、ある程度の知見を獲得・蓄積できているが、それをどこまで深めれば良いか納めどころが分からず、自分たちからは言い出せずにいるという状況でした。

●情報の共有化が進まない社員側の論理

営業担当のＤ氏は、製造業を営んでいる実家が主な製造拠点を海外に移した実績があり、「仮に自身の会社が海外展開をするとしたら」という視点で情報を集めていました。ところが自身はヒラの担当者であり、まず何よりも目の前の仕事を捌くことが求められているので、経営に直結するような知見を業務の中で活かせる状態になかったのです。加えてご実家の事業承継問題も影を落としており、「兄弟が３人いて、まだ誰が実家を継ぐのか明快になっていないので」、仕事に全力投球できずにいたのです。

私は直ちに専務と相談し、専務と本人そしてご兄弟とお父様も入れた席で、実家の事業は、現在お父様の会社にいる末の弟さんが承継するという明快な決着をつけてもらいました。

また技術担当のＦ氏は「海外の仕事は面白そうだ」と感じており、海外の市場動向などに日頃から目配りをしていたのですが、それも個人的な知見に止まっていたのです。なぜ社内で情報共有が進まないのか聞くと、「社内で話しても、その先どうすれば良いか分からない」「飲んだ時などに話をすることはあるが、日中は業務が忙しくてそれどころではない」という答えが返ってきました。

経営トップの意向を中間管理職が上手く消化できず、戦略を戦術に落とし込む段階で具体的な指示ができていない場合によく起きるトラブルです。

私は専務から各部の部長へ問題提起をしてもらうと同時に、F氏に対して「会社が変化するには時間がかかるかもしれないが、海外への関心は引き続き持ち続けてほしい」と励ましました。

「分かりました」F氏はそう応じてくれましたが、心から納得したわけではなさそうでした。

しかし、そういう態度の中にも「自分たちがどうにかしなくてはいけない」という問題意識の萌芽は見られました。私は、担当者の当事者意識を喚起することができれば意見は出てくると判断し、数名の選抜グループを作り、次のような問いかけをしました。

●とりあえず、アイディアを出してみる

「今から10年後、自分たちが経営の第一線にいると仮定して、海外事業ではどんな戦略をとっていると思うかを考えてみよう。戦略といっても漠然としているだろうから、自分たちの代になった時、持っていたい強みや直面していたい市場機会、また同時に弱みや不可避と思われる脅威についても挙げてみよう。それをグループ全員で話してみようじゃないか」

この時、私が重要視するのが「経営理念」に沿った提案をすることです。もともと工場で培われた技術力が強みのS社です。経験してこなかった海外事業で成功するために何より重要なのは、これまでの蓄積＝経営資源を活かすことです。そのためには会社の基礎となっている経営理念の尊重こそが重要なのです。

唐突な問いかけだったと思いますが、それでも彼らは10年後に持っていたい強みとして「海外と英語でビジネスができる人材」、機会として「途上国における技術移転のニーズ」など、また避けられない弱みとして「国内で需要がなくなる既存事業向けの工場設備や能力」、脅威として「欧州勢との競争」などを挙げました。

ここで戦略づくりの定石ともいえる「強みを機会に投入する」という仮説を立てると「途上国における技術移転ニーズに対応するため、英語でビジネスの出来る人材を投入する」という戦略案が出てきます。これを10年後に実現しているためには今から10年かけて「英語のできる人材を確保する」という課題を解決しなくてはならないことになります。

このアプローチこそが、Future SWOTの基本的な考え方そのものなのです。これは、強み・弱み・機会・脅威を組み合わせて戦略を考える「SWOT分析」を応用した考え方で、何も珍しい手法ではありません。確かに10年後の姿を考えるという点が、普通のSWOT分析とは違っているところですが、それ以外は特に難しいものではありません。

SWOT分析は分かりやすいのが長所ですが、S社のケースではそれまで戦略など考えたこともなかった参加者に、最初から高度な要求はできないと考え、最もシンプルなところから始めました。それでも皆、夢中になって自身のアイディアを披露してくれました。

「自分たちの代は、海外ビジネスで技術移転を上手くこなすことが求められるようになる。そのための人材育成を進めさせてくれ」

それまで、上から言われた通りの仕事しかしないと経営陣を嘆かせていた担当者たちが、初めて導き出した「自分たちの考え」でした。

この時、選抜グループの中には営業部門の担当者に混じって1人だけ技術部門のF氏を入れました。その理由は、全社的な戦略を議論する上で偏った参加者のみで議論すると、実施段階で社内に受け入れられにくくなるからです。

実際には、営業部門の課長とＦ氏が意気投合し、以降の検討が大変スムースに進むというプラスの効果がありました。

「これまでは、海外の話は技術部に直接関係ないという印象があって、部課の壁を越えた質問がしづらかったのですが、今回Ｆさんに議論に参加してもらったおかげで相談しやすくなりました」

営業部門の課長が直接私に言ってくれた言葉です。聞けば、部門を超えて会社の将来を話し合う機会は一度もなかったらしいのです。

一方で、まだ担当者にすべてを任せるには時期尚早と考え、社長や専務には敢えて経過のみを報告し、しばらく担当者の指導を続けることにしました。

長年しみついた企業文化は、経営トップが声に出したからといって簡単に変わるようなものではありません。それでもグループ討議を間近で見ていた私には、参加者の心の中で何かが変わりつつあることが感じられました。

その後の会議でも、少しずつではありますが責任感を伴った言葉が出てくるといった変化が見られたのです。

単に議論するだけだった試行を通じ、私の狙い通り、参加者各人の心に戦略という確固たる問題意識が形成されはじめていたのです。

それ以前と以降では、同じ国際会議に出席しても、目の付け所が違ってきました。それまでは、途上国の市場について商社経由で上がってきたプランをそのままなぞるといった人任せの傾向が強かったのですが、政府担当者とのパイプ作りや具体的なニーズの掘り起こしなど、自ら考えて情報収集をするように変化していきました。

●アイディアを、戦略＋予算＋工期＝計画に変える

最初のグループ討議から半年ほどたった時です、営業部門の課長から、「ニシダ先生、もう一度あのグループ討議をやってもらえませんか」というリクエストを受けました。前回は手探りで進めた取り組みでしたが、ある程度やれる自信がついたのだと判断した私は、社長に要請があったことを伝え、テーマとして「自立型社員としての自信をつけさせる」という方向性を示しました。

社長からは、「そうなってくれると頼もしいので、どうかよろしくお願いしたい。ただし、何がどれだけ儲かるようになるのかを示してほしい」と条件付きの承諾があり、第2回目

のグループ討議を実施しました。この時、オリジナルの情報発掘ツールであるカードゲーム〝Future SWOT〟を使ったのですが、そのお話はまた後でします。

その結果あぶり出された戦略が、「独自技術を小型化し、途上国の市場に展開する。そのために、今後採択の機会が増えるＯＤＡや国際協力事業を活用する」というものでした。グループ討議も第２回目となり、特に初回を経験した社員は自らの知見を組み合わせて戦略を提案するという目的とそのメリットを正しく理解していたので、経営環境を尊重した上で将来を見通すという、洞察に満ちた結論になりました。外部環境として、国連の持続的開発目標（SDGs）などが注目され始めた時期で、民間企業向けのＯＤＡ事業も拡大基調にありました。

ただ、戦略としてはあくまで考え方を示したにすぎず、予算も工期も全く分からない状況のままでした。これでは社長の要求に応えられていないことから、実施中の調査事業予算を活用して、今から10年間の想定スケジュールと、予算および収益性予測を算出することにしました。

その結果、東南アジアのＡ国には十分なニーズがあり、国内体制も整備されつつあって、戦略の実施に好適な向け先であるとの結論が得られました。

そこで必要になるのが実施見込みを時間軸に落とし込んだ工程表です。これは実施スケジュールについての責任を表明するものではなく、おおよその時系列感覚を社内で共有し、さらに投資収益性と資金需要の見通しを立てるために作成するものです。言ってみれば積算資料の1つであって、「こういうスケジュールで責任を持って進めます」というほど確たるものではないのですが、工程面での見積りがないと、その戦略を採用して良いのかという意思決定が難しくなります。いわば見積り用の工程表をこの段階で引いておくことで、具体的な議論ができるようになることを狙うのです。

その後数度にわたる現地調査を経て、S社のA国進出プロジェクトは3ヶ年の工程を前提に検討されることとなりました。

工程が見えるとその次に検討されるべきは投資計画です。いつ、何をするためにどれくらいの資金が必要なのか。その回収はいつから始まり、いつまでかかるのか。最終的には、どのくらいの投資に対してどのくらいの収益が見込めるのか、概算ベースで確認することができました。

わずか1年ほど前に「言われたことしかしない」と経営トップがぼやいていた、同じ社員にそこまでやらせることができました。

でも私は、それだけでは不十分だと考えていました。手取り足取りした上で、わずか一度だけの経験では、長年しみついた企業文化を変革するには至らない、私の指導がなくなれば、早晩また元の木阿弥に戻ってしまう恐れが大きいと考えたのです。

そこで私は再び社長と話をする機会を持ちました。とある日の夕方、2人きりで軽い食事をとりながら、私は指導の進み具合を社長に伝えました。

「社長、現在進んでいるA国の事業調査についてですが、ようやく提案が形になりそうなところまで来ました。ただこのままではA国以外に横展開するための拠り所が弱いままです。以前お約束した通り、社員が自立的に事業を推進していけるよう、モニタリングのための仕組みを構築する必要があります」

食事の手を止めて私の説明を黙って聞いていた社長は、「ニシダ先生、ぜひよろしくお願いします」とだけ答えました。

●仕組みをつくる

現在、S社ではA国での事業展開準備が待ったなしで進められています。その進捗をコントロールするためのマニュアルは、プロジェクトが予期せぬ展開が生じた時でも、どのように対応するかを盛り込んで設計されており、次から次へと発生する難局を担当者たちが自律的に乗りきるための拠り所になっています。

会社にとって、個別案件の進捗も確かに重要ですが、それ以上に、アイディア探しからこの段階までを、中堅・若手の担当者が自律的に進められる能力を身につけたことが大きいのです。さらに、「担当者から経営トップへの起案」という道筋をつけ、予算を含めた実施権限を委譲されたことは大きな実績であり、今後同様の事例が複数できてくると、社内の仕組みとして広く認知されるようになります。

この段階で必要なことが、「社内組織と管掌業務を見直し、戦略起案を業務の中で行えるように位置づける」という手当です。すでに私は、S社の経営陣とその話をしており、S社では、もう間もなく、社員自らが自らの知見をもとに明日のメシネタを探し、経営トップに対して提案するという流れが組織的に裏付けられたものになります。

経営理念はアンカーポイント

S社の事例で私がこだわったのは、中堅・若手社員による自立的なメシネタ探しに際して、何より経営理念こそが重要視されなければならないという点です。

第5章でも述べますが、新規の戦略を考える場合、創造性に期待する、あるいは機会を与えるなどの理由で、経営トップが干渉せずに若手社員に丸投げする例があります。日頃から経営理念がしっかりと社内で共有されているか、若手が期待される提案の方向性を経営トップと共有できている場合を除き、これは大変危険な行為です。

なぜなら、新しい戦略とは、これまでとは違う戦略ということですから、どこかに定点を置いて考えないと、これまでの事業とは全く異なる性質の提案が出てきてしまう可能性が高いのです。その異なり方もより強い違いを持って提案されることが多く、結果として既存事業との折り合いが良くない提案を抱え、会社として消化不良を起こすことになりがちです。

経営環境を踏まえる＝連続性を維持する

次に私が重視したことは、Ｓ社の経営環境を踏まえた戦略を導き出すということです。経営環境というと、強み・弱み・機会・脅威などと分類することも多いですが、そこまで明確ではなくても、事業を取り巻く様々な環境要因で戦略に影響しそうなものは何でも俎上にのせて検討するほうが良いのです。なぜなら、この段階で将来の脅威となるものの芽は摘んでおくに越したことはありませんし、照準を合わせるべき事業機会の候補は検討段階では多ければ多いほど良いからです。

私がグループ討議を重視する理由もここにあります。つまり社内の同僚といっても、立ち位置によって見える景色が違う＝把握している経営環境の見え方も違うため、経営トップへの提案に供する情報はできるだけ多極的・全方位的に探すべきであり、そうしないとどこかで漏れのある分析をしてしまうというリスクが残るのです。

案を絞り込む＝チャンピオン戦略への一本化

経営環境を意識して議論を進めると、どうしても複数の戦略案が出てきます。特に長期的な将来のビジョンについては、放っておくと10件以上の「強み」が提案されてしまい、収集がつかなくなることが少なくありません。他方、経営トップが求めているのは「明日のメシネタ」、すなわち複数の可能性が示されたデッサンではなく、「これで行きましょう」という墨入れの済んだ線画、あるいは予算と工期という色の入った色彩画なのです。

この落差を埋めるための絞り込みプロセスが「チャンピオン戦略の選定」です。S社の事例でも、検討段階では研究センターの知見を活用した測定ビジネスや現有設備とＩＴ技術を組み合わせた請負事業などの提案がありました。いずれも経営理念に適合し、経営環境を踏まえたものだったのですが、それらを切り捨て、戦略を敢えて1つに絞り込んだ理由は、「メシネタとして仕上げるために第二の提案以降は邪魔だから」に他なりません。討議の参加者にはこの点をしっかりと理解してもらう必要があります。さもないと「自分の提案は採用されなかった」と、悔いをいつまでも引きずることになります。第二案を提案してくれた人は、むしろチャンピオン戦略の選定に重要な比較対象を提案してくれたわけで、「みんなで選んだチャンピオン戦略」を形成するための重要な貢献をしてくれたことになります。ここまで明確に整理することで、参加者の一体感は確実に強まります。

任せるのは最後まで＝カネも工期も実践も

このような戦略提案を中堅・若手に期待するという例は、管理職研修などの一環として様々なところで実施されています。しかし、受ければそれなりの能力が身につき即効性が期待できる研修と、「明日のメシネタ」探しとの大きな違いは、誰かが行って取ってこないとネタは決してメシにはならないという点です。つまり、メシネタの実現には①客は誰なのか、②どのような工程が予想されるのか、③投資金額はいくらになり、資金需要はいつ発生するのか、④結局のところ、投資収益はどのくらい見込めるのか（経営としては、④が一番知りたい情報です）を併せて提案できないことには「明日のメシネタ」としては全く意味がないのです。そして、誰がその仕事を担当するのか。

私はＳ社では「実務の大部分は新しく雇い入れる技術者に依存するとしても、実践段階のモニタリングは最後まで責任を持って提案者が引き受けること」にこだわりました。「提案したことには自ら責任を持つ」という原則論を堅持したのです。

S社の例のように、戦略によっては技術的な限界などの理由で必ずしも自らの力だけでは実施できないものが出て来ます（そういうパターンのほうが多いくらいです）。そんな場合は存分に他社依存の提案を作り込んでもらい、そのかわりモニタリングを通じて最後まで責任を持つという落としどころを作ることが重要です。

組織が変われば大きく変わる

経営トップのリクエストに応える形とはいえ、中堅・若手が自分たちの知見に基づいた新たな戦略提案をして、実施段階のモニタリングまで責任を持って担当する。S社としては「おそらく初めての経験（専務談）」だったのですが、だとすれば同じプロセスをもう一度経験すれば、S社は間違いなく大きく変わるはずです。それを担保する意味で、グループのリーダー格だった参加者に対して、正式に戦略提案の調整役を発令する人事的な手続きが必要です。そこまでやれば、S社は組織的に大きく変化し、社員がその知見に基づいた戦略提案を、経営に対して問いかけるという体制が完成します。

実はこのような仕組みは、戦略や経営企画を所管する部署を持つ大企業ではごく当たり前の話です。S社でも、冒頭で専務が「人材の基礎的なレベルは低くない」と言っていましたが、結局のところ「言われた仕事しかしない」人材のままで時間ばかりが過ぎていたのです。

それは何も能力のせいではなく、そのための仕組みが社内に構築されていなかっただけの話です。

今やS社は国連とのパートナーシップで途上国への技術移転事業を展開し、多国間環境条約の事務局も一目置く存在として世界的に注目される企業になりました。

仕組みをつくり、それを自社に合った形に仕上げることで、大企業をもしのぐ経営戦略を実現させることは、決して不可能ではないことを、S社の事例が証明してくれています。たとえ中小企業でも、多くの社員が、それぞれ担当している仕事を一所懸命こなしながら日々を過ごしています。社長と違う仕事をしながら、1人の人間として過ごす時間は皆同じ1日24時間なのです。違う立場で仕事を眺めると、見えるものも少しずつ違ってきます。その微妙な違いがもたらすヒントや発見を丁寧に拾い上げることで、明日のメシネタが骨太の戦略案として浮かび上がるのです。

こうして組織が変われればそれにつれて大きく変わっていくのが、現場で直接手応えを感じることのできる社員1人ひとりの意識そのものです。第6章で、組織改革を通じて社員が会社のコアファンになった事例を取り上げています。

社員を会社のコアファンにすること。私はこれこそが、アイディア・マイニングによって組織が到達できる究極の姿ではないかと思っています。

＊　　＊　　＊

ところが多くの会社では、社員が持つ知恵や情報が使われずに死蔵されている事例も少なくありません。第２章ではその状況を打破すべく対策を講じた事例を通じて、どうすれば限界を打ち破れるのかについてお伝えしたいと思います。

まとめ

戦略提案において、私が重視する点をまとめると以下のようになります。

①経営理念を踏まえることで、経営資源を活用できるものを目指す。

②自由闊達な議論により、社員のアイディアを引き出す。

③まとめにくい場合は、SWOT分析などのパターンを使う。

④最終的な戦略候補は1本に絞り込む。

⑤カネと工期の裏付けがない段階のものは、戦略提案とは言えない。

⑥実施段階のモニタリングは提案者に責任を持って担当させる。

さらに、

⑦戦略提案の発掘と精製、提案とモニタリングを社内の組織上で明快に位置づけることにより、「仕組み」が完成する。

コラム：大量に発生する事業承継難民と日本を襲う産業構造の危機

1．事業承継の難しさ

２０１７年度版の中小企業白書によると、日本には約３８０万社のいわゆる中小企業が存在するそうですが、その中で事業承継が決まっていない（後継ぎ候補がいない）会社が約3割に上るそうです。むろん、現社長が十分に若いという会社もあると思うので、それを割り引いて仮に2割とみても、76万社もの会社が後継ぎの不在による廃業を覚悟しなくてはならない状況にあると考えられます（とても大雑把な話ですが）。一口に76万社といっても分かりにくいかもしれませんが、端的に言うと商店街や工業団地にある会社のうち10軒に2軒は無くなる計算です。この中には赤字企業も多いと思いますが、黒字でなおかつ他の企業にとってかけがえのない部品供給をしている会社も少なくないわけで、他の会社にとっても、今すぐ何とかしなくてはいけない大変な課題だと言えます。

当然のこと、行政や商工会議所は対策に一所懸命です。中小企業支援のための予算や様々な機関を使って、危機に直面した数多くの企業をなんとかしようと努力を続けています。

しかしながら、親族に候補者が見つからないとか、見つかったとしても社長になる覚悟ができていない、あるいは今の仕事を辞められない、家族の都合で転居できないなどの事情があって、すんなりとは決まらない事例も数多いのが現状です。

そのような場合、外部の人材を求めるだとか、会社ごと同業者に引き取ってもらう（俗にいうM&Aです）などの対策を取ることになるのですが、それはまたそれで大変な手続きになります。

平成30年度から5ヶ年間の時限措置として、事業承継があった場合の贈与税あるいは相続税が全額猶予されることになりました。それでも、資産承継を無事に済ませ、経営承継についてしっかりと対応できる枠組みが十分に機能しているとはとても言い難いのが現状だと思います。

2. 産業構造の危機とは

日本でも、諸外国でもそうですが、原材料から最終製品までを１つの会社が作って販売するというのは稀で、いわゆるサプライチェーンを形成し分業が成立しているのが普通です。チェーン（鎖）は、端から端までつながっていて役に立つ道具ですが、サプライチェーンもその名の通り、原材料を精製・加工さらには切削・研磨して部材化し、さらにそれを接合し、塗装・メッキなどを施した上で製品へと組み立てる流れのすべてがつながっていないと、産業として成り立たないのです。特に原材料に近い上工程や、メッキなど様々なサプライチェーンに共通項としての役割を果たしている工程が廃業してしまうと、産業全体が成り立たなくなります。

会社として成り立てばいいというだけであれば、なんとか外部から人を連れてきて経営してもらえればすむ場合もあるかもしれません。しかし、中小企業は多くの場合が経営者＝技術者だったりするので、その後継ぎがいないということは、産業構造そのものの危機に直結することになるのです。

3. 従業員は取り残される？

そういう流れの中で、事業承継に取り組んでいる中小企業支援機関や金融機関は「いかに後継者を確保するか」「確保した後継者をいかにやる気にさせるか」「いかに円滑な経営引き渡しを準備するか」という喫緊の課題に集中しており、従業員対策までは手が回らないというのが正直なところではないかと思われます。それまで長年にわたって経営者のリーダーシップによって運営されてきた会社が、誰か他の人を経営者に迎えようとする中で、技術や営業の源泉となるはずの従業員が置いてきぼりになりかねない状況は、憂慮されるべきものです。

新しい経営者と従業員の間に存在するコミュニケーションギャップを解消するために、「Future SWOT を活用して会社の長期ビジョンを共有することで、経営と現場を早期に一体化させることができます

第2章

死蔵されている、社員発の情報

多くの企業では、社内のコミュニケーション活性化が重点施策として掲げられており、社内での情報交換は推奨されることこそあれ、その逆はないものと思われがちです。実際は日本生産性本部が平成24年に実施したアンケートによると、上司の68%が「職場では有益な情報が部下と共有されている」と答えているのに対し、一般社員の53%強が「上司と共有されていない」と回答しています。

この落差が何に起因するのかという議論は第3章以降に譲りますが、社員の誰かが認知した情報が上司を経由して社内で共有されず、一部が死蔵化していることを物語っている数字です。

そもそも社内コミュニケーションの活性化に何らかの施策が講じられていること自体が、見方によっては「そうしないとコミュニケーションが停滞し、業務に支障が出かねないから」という理由によるのではないかと推察されます。

では、どうして社内での情報交換にそれほどのエネルギーが必要で、それにもかかわらず情報共有が進まないのでしょうか？

本章では、このメカニズムを1つずつ解き明かし、解決策につながるカギについて検証していきます。

なぜ社員の知恵は社長に上がってこないのか？

社員は営業や製造の第一線で忙しく日々を過ごしています。その中で目にしたり耳にしたりする情報には、確かに業績改善のヒントになる情報がしばしば含まれているのですが、それを上司に報告する場合、例えば「５Ｗ１Ｈ」と言われるような「整った形」であることが求められます。

ところが、現場での目撃情報はその多くが不完全なものであったり、裏付けを取るための手続きが１人の手には負えなかったりと、「整った形」にするための「もう一手間」が必要なものも多いのです。

他方、社員が第一に求められているのは、「自分の仕事をしっかりこなすこと」に他なりません。

ここで、ある中堅スーパーの契約社員Ａさんの働きぶりを見てみましょう。Ａさんは売り場の責任者として、毎日忙しく働いています。保育園に通う２人の子供の親としても、気の抜けない日々を送っています。

ある日のこと、レジでマイバッグの紐がカートにひどく絡んで困っている高齢のお客様がいたので、紐をほどくお手伝いをしました。Aさんは上長に報告するにあたり、そもそもなぜカートに紐が絡んだのかを実験してチェックしてみようと考えました。

ところが時計を見ると、発注伝票の締め切り時刻である午後3時まであと15分しかありません。仕方なくAさんは売り場を離れ、バックヤードのパソコンへと向かいます。報告のための調査よりも、発注伝票が間に合うように在庫データのチェックを優先する「仕組み」になっているのです。

締め切りまでの時間内に発注伝票を終えた後はチラシの企画チェック、その後売り場の整頓状況の定期チェック、さらに来週のシフト表の作成…、とAさんの時間は隙間なく「今やるべき仕事」で埋め尽くされています。それを定時ピッタリまで続けたあとは、大急ぎで着替えてバス停まで5分の距離を急がないと、保育園のお出迎えに間に合わないといった具合です。

翌日、昨日のお客さんが気になったAさんは、同僚に昨日の出来事を話します。

「えー？　そんなことがあったの？」同僚は初めて聞いたというような反応で、以前にも似たような出来事があったのではないかと思っていたAさんは、内心ちょっとびっくりします。でも、困っていたお客様が実際にいたのだから、予防策などのアイディアが何かあるはずだ、例えば、カートの構造に改善点があるかも…、と心の中で思うそばから、レジのパート従業員が体調不良でシフト変更を依頼するメールが入ってきたのでシフト表とにらめっこする羽目になり、その後も駐車場で落とし物をしたというお客様の対応や、終業後に予定されているカラーコルトンの入れ替え業者からの電話対応など、日々の忙しさに巻き込まれていきます。

それでもAさんの心の中には、ずっとその出来事が引っかかっていました。数日後のこと、突然本部から業務部長が抜き打ちの視察にやってきました。そのときAさんは、入荷品の検品データをチェックしていたのですが、本部が決めたセール品のリストと一部異なるデータを見つけ、担当者と電話で確認をしているところでした。調べたところ、本部側でマスターデータの読み違いがあり、そのまま発注されてしまっていたことが分かったため、業務部長にもその件をリアルタイムで報告しました。

「よしわかった。早速本部側でも手続きを見直そう。検品データと発注伝票の該当ページをPDFで僕にメールしておいてくれないか」部長にそう言われ、Aさんは特急でその仕事にかかります。無事データを送り終えてハッと気づくと部長は次の店へと移動してしまっていました。

（もしかして相談できるかもと思ったのに…）そう思ってみても後の祭り、部長の指示の対応をしている間にも、売り場からのメッセージが端末上で点滅しています。メッセージを読もうとした瞬間に、こんどは電話が鳴りました。「はい、Aです」カラーコルトン業者から、施設共同駐車場への時間外入場のためにトラックのナンバープレートを知らせる電話でした。今度は急いでメッセージを読むため端末を手に取ります。そんな風にして、Aさんの忙しい日々が過ぎていきます。

上がってきた知恵やアイディアが死蔵化すれば、社員の士気も死蔵する

Ｂ君は、県庁所在地にある金融機関に勤める若手営業マンです。最近、自分の先行きについて「これでいいのか」と考えることが多くなりました。

新聞を見れば、ＡＩの進化によって金融機関では大量の合理化・人減らしが起きるだの、日本の金融機関ではビットコインなどの仮想通貨を支える技術への対応が遅れているだの、あまり良いニュースがありません。低金利政策の出口は見えず、営業的にも古くからの信用を盾に既存顧客との付き合いを優先させなくてはならない守りの状態が続いています。

本当は新しいプロジェクトを立ち上げて、金融機関としても積極的にそれを支援するような仕事をしてみたいと考えているのですが、現在の上長はいずれも長引く不況時代を我慢の営業で過ごした人たちばかりで、新しい取り組みを相談できる雰囲気ではありません。

近隣の地銀などでは合併のニュースも耳に入ってきます。同期の友人たちの中にもどうやら転職を考えている人が何人かいるようです。

顧客企業の中には、積極的に首都圏への営業を強化したり、インターネットを駆使して他県の企業とのコラボを進めたりするような事例も出てきているのですが、B君の務め先では県外や東京とのチャネルを強化しようという動きはあるものの、いまだに実現できていない状態です。

つい先日も、県の商工会議所がバングラデシュへの視察ツアーを企画したところ、最近活躍している若手起業家などから予想を上回る人数の申し込みがありました。

「とにかく様子を見てこい」上長からそう言われ、B君も同行することになったのですが、訪問先では各企業から海外進出に伴うサービスについて質問されたものの、これまでのサービス内容を説明するだけにとどまらざるを得ませんでした。

バングラデシュ側の期待には熱いものがあり、これまでも日本のメーカーが現地進出を通じて他の外国企業よりも安定的に多くの雇用を生み出していること、現地の若年人口は依然として多く、今後も引き続き日本企業の進出に期待していること、そのためにパートナー企業の紹介や就職希望者の斡旋など、日本企業向けのサービスを充実させていることなどが繰り返し説明されました。

B君は帰国してすぐに、現地の状況と地元企業に対する海外進出支援に新しいビジネスの可能性があることを上長へ報告したのですが、「あとは帰国報告書の書式にまとめて回覧しておくように」との指示があったきり、提案として取り上げられる気配はありません。B君としては、確かに出張の目的は実情視察だったわけですが、果たしてそれでいいのだろうか？　という思いを禁じえません。上長に聞いても「出張報告書には私が確認印を押したので君の仕事はそこまで。それより溜まっている仕事を片付けて」とつれない反応です。

バングラデシュで何度か話をした若手起業家は、海外進出の機会について熱く語っていました。その話も報告書にはきちんと書いたのですが、今のところ完全に黙殺状態です。せっかく新しい事業機会につながる情報を得たわけだから、それを採用するならする、しないならなぜしないのかをきちんと吟味して、判断の結果を教えてくれてもいいのにと、出張の成果が無駄になったような気がして、何だか気持ちが晴れない最近のB君です。この先もずっとこうなのかなという思いが頭をかすめ、転職サイトの街頭広告がやたらと目につくようになりました。

社員からの情報は、必ずしも活用されるばかりではない

上司のフォローに割り切れないものを感じながら報告書をまとめたB君でしたが、ビジネスマン・ビジネスウーマンなら誰もが似たような経験をしたことがあるはずです。むろん上司も、できるものならしっかりとフォローしたいと考えているのが普通ですが、ここに組織で仕事をする難しさが立ちはだかります。

部下からの連絡や提案について、上司の対応を簡単に図解したのが図①です。A領域に属する報告は比較的すぐに実施するという意思決定がなされ、現場レベルで対応が取られるものです。実施が比較的やさしくコスト的にも安価なものがその主たる中身で、A領域のAはAction（行動）の頭文字です。

B領域に属する報告は、実施自体は難しくないのですが、予算的に高価であることから社内調整が必要になる部類のものです。BはBudget（予算）を意味します。B君が報告した「地元企業に対する海外進出支援」は、ノウハウの獲得コストや事業推進に伴って発生

図①

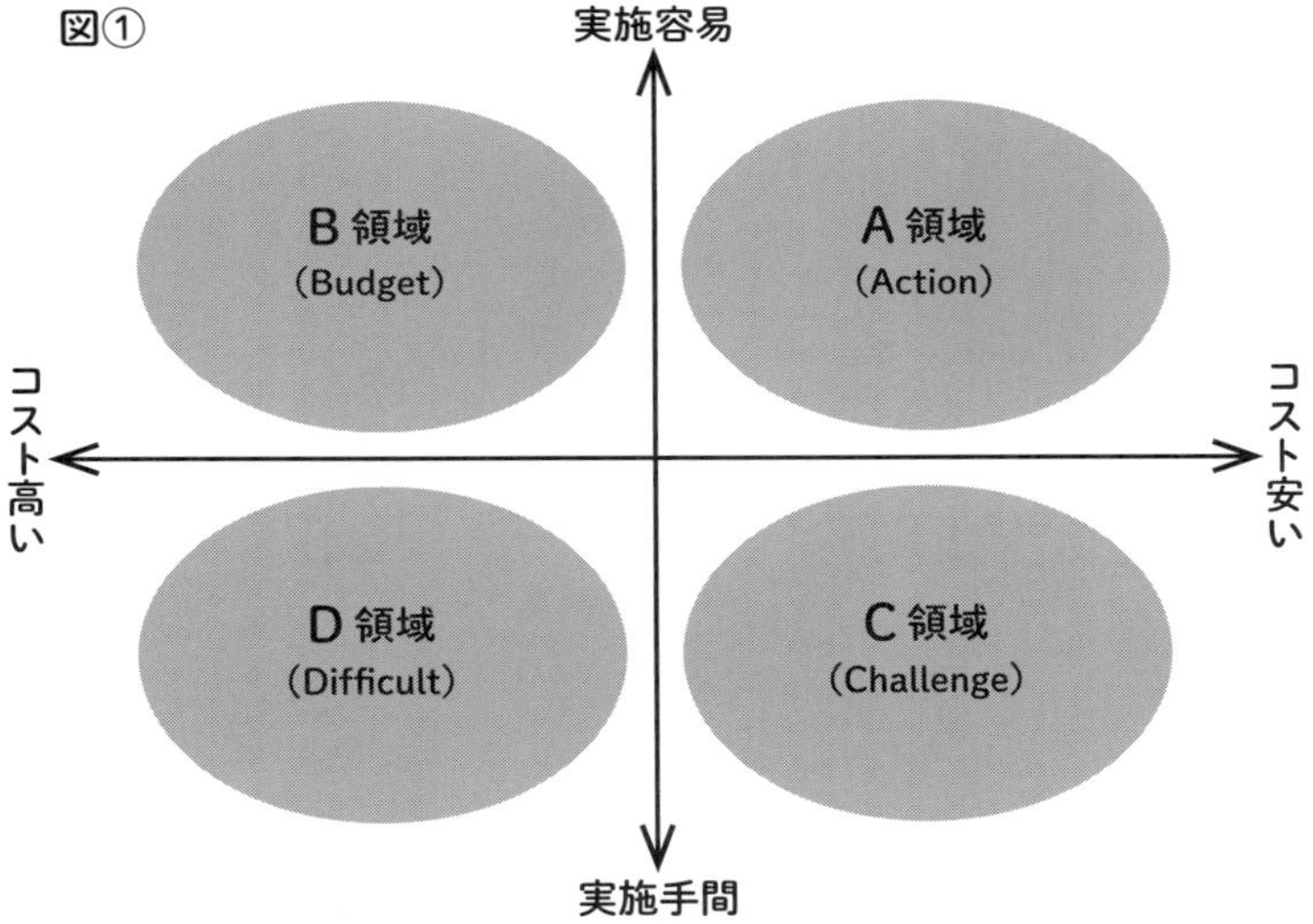

する海外出張旅費などが想定されるため、取り組む場合にはしっかりした予算措置が必要になることが想定されますので、この部類に入ると言えます。

さらに経費はさほどかからないものの、実施に手間がかかる、あるいは特殊な技能を要するなどの関係で、すぐには取り組めないものも出てきます。グラフではC領域のものがそれで、CはChallenge（挑戦、または難しさ）を意味します。

日本企業が興味を示す進出先の中でもバングラデシュは豊富な労働力を有しており、日系企業への優遇策も充実しているものの、受け入れ先となる地元政府の対応力にやや弱いところがあり、進出先としては比較的難しい部類に属すると捉えられる場合が多いようです。

さらに、実施に一定以上の困難を伴うことに加えて、費用的にも高価だとされる報告もあります。グラフではD領域がそれに該当するのですが、DはDifficult（困難）を表します。D領域の報告だと、現場レベルでの対応にはどうしても限界があります。

B君も、同行した地元ビジネスマンから、現地でのサービス業務提供を求められたエピソードを上司に伝えてありますが、そもそも駐在員すら置いていない現状では、そのようなリクエストに即応するのは難しいと言わざるを得ません。

だからといって、報告が上がってきたからには上司たるもの、何らかの対応が求められます。全く何もしないわけには行かない以上、「とりあえず報告書に記載して回覧」などという対応がとられがちなのは、なにもB君の例に限ったことではありません。

社員が獲得した知恵や情報は、対応の難易度とコストに制約され、やや大雑把な捉え方ですが、すんなりと実現するのは1／4にすぎないでしょう。残りの3／4は、報告書にまとめられ、回覧された結果として…、果たしてどうなるのでしょうか。誰か権限のある閲覧者がその報告に目を止め、予算措置などがなされて見事実現するのでしょうか。それとも回覧終了後は書棚に置かれ、何事もなかったかのように日々の仕事が繰り返されるのでしょうか。

Ｂ君も、上司のフォローが曖昧なことにはストレスを感じています。だからといって、具体的な提案をするための理論武装をする時間的な余裕もなく、上司と自分の関係（人と人との関係です）も整理できないまま、なんとなく割り切れないストレスを感じたまま日々を過ごすことになってしまっています。

この制約を取り払って、経営にとって有用な発見を抽出し、それにスポットライトを当てるには、決定的に欠けているものがあるのです。それを何とかするためには、意思決定権限者の介入が絶対的に必要なのです。

トップが働きかけないと、社員の知恵は永遠に上がってこない

気の早い読者の中には「こういう場合に使えるのがアイディア・マイニングなのかな?」と思われた方がいるかもしれません。確かに、スーパーマーケットのAさんにしても、金融機関のB君にしても、社内で似たような問題意識を持っている人を集めて議論し自分たちの意見を共有できていたら、もう少し違う展開があったかもしれません。そのためには「トップの働きかけ」があることが前提となります。その理由について少し見てみましょう。

B君の例では、出張先で目撃したことを報告するというプロセスの中で、現地で見聞きしたことや受けたままの相談=見たままの情報を上司と共有したのですが、そこにはコストや実施の難易度という障壁もあって、すぐに対策が取られる確率は必ずしも高くないでしょう。

ここで有能な中間管理職であれば、その情報が持つ価値を判断した上で、やる価値があ

ると思えば報告書回覧に引き続き、①個別に情報を精緻化し、②求められる対策案を作成した上で、③意思決定者の決裁を仰ぐ、という段取りを踏むでしょう。自分の報告がそこまで取り上げられれば、B君も出張の成果があったと納得できるはずです。

ただこれは、逆に言えば中間管理職の差配次第で情報の行く末が決まるということを意味しており、有用な情報すべてが必ずしも上に上がってくるとは限りません。有用な情報を有能でない中間管理職の差配が消してしまうかもしれません。また、今の業務に必ずしも関係しない新規事業のネタなどは、現状維持を第一と考えがちな中間管理職の目から見れば、優先順位の低い情報とされてしまう可能性が高いのです。

経営レベルで新たな協力を模索している有望な会社があったとして、たまたまそこのトップが同じ視察旅行に来ていたかもしれません。あるいは主催した商工会議所による視察ツアーの報告会が予定されていて、そこには重要顧客のトップが顔をそろえることになっていたりする場合もあるでしょう。

そういう視点で事業機会を捉える感性は高いレベルの視点が求められ、日常的に経営者の視点で仕事をしているわけではない係長や主任レベルでは、必ずしも鋭敏に反応できないことが多いのです。

単に業務上の有意性だけでなく、広く事業機会につながるような情報が上に上がってくくるようにするには、経営トップが号令してそのための道筋づくりなど下準備をしておく必要があるのです。

報告のどこが重要と判断されたか、それはどんなチャネルで判断に供されたか、それを社内でフォローアップするためにどのような措置が取られるか。いわゆる業務手順に準ずるものですが、新規提案に関するこの手順が曖昧な例は、一定以上の規模と歴史を持つ会社であっても珍しくはないのです。

最初はトップ自らによる例外措置的な取り上げ方でも構わないでしょう。

ここを何もせずに放っておくと、前線レベルで感知されている様々な情報のそのほとんどはトップに届く前にどこかで処分されてしまいます。その中には、経営者の目で見直せば儲けのネタになるような情報が含まれていることも多いのです。それらは今日明日の業務を優先する中間管理職や担当者の目線には引っかからない。

一体どうすればこのジレンマを解決できるのか？　もう少し事例を見てみましょう。

社長にカリスマ性がなくても

実は世の中には、下から情報が上がってこないことを全く気にしないタイプの社長もたくさん存在します。年間の活動方針からエンピツ1本の購入伝票まですべて自分で判断し、自分でしっかり決めないと気が済まないタイプの社長で、たたき上げの創業者に多く見られます。良く言えばカリスマ性の持ち主であり、悪く言えば超ワンマンですが、それが会社の強みを形成しているため社内から文句が出ることもありません。会社と事業のことは、誰よりも自分が一番分かっているという自信に溢れており、社員が前線で目撃したような情報についても「なぜか」すでに知っていたり、「そんなことは私がずっと以前から考えています」などと言ってはばからない方もごく普通にいます。

創業者のカリスマ性があまりに強いとよくありがちなのが、代替わりした新社長が何かにつけて先代と比較されてしまうというパターンです。創業者としてゼロから事業を立ち上げた方と、すでに存在する事業を受け継いだ方とでは、事業に関する知見の深さがまるで違います。それを創業者と比べてどうだ、と評することがそもそも間違っているのですが、どうしても「先代はどうだった、新社長はこうだ」と比べてしまいがちです。

そんな状況でも、下から情報が上がる道筋をきちんとつけておくと、それなりの能力しかない社長でもに合理的な判断は下せるため、会社としては仕事が回っていきます。言ってみれば、仕組みがカリスマ性を肩代わりするということでしょうか。

コトバにすればそれだけのことですが、「下から情報が上がる仕組み」をしっかりとつくるのは意外と難しいことなのです。まずは社長自らが、「新しい仕組み」を導入することを理解し、それによって仕事の仕方が変わってくることを認識する必要があります。

次に、それが、「今までとは違う何か」であることを、社員がしっかりと認識しなくてはいけません。そうでないと「仕組み」がスムースに回らないことがあり、かえって逆効果になるからです。

なにもこれは、創業者からの代替わりに止まる話ではありません。２０１７年にＨＲ総研が実施したアンケートによると、社内のコミュニケーションに課題があると考える中小企業は全体の約8割に上っており、さらにコミュニケーション不足が業務の障害になるかとの問いに対しては、実に96％が「そう思う」と回答しています。そうだとすれば社内で情報を円滑に行き渡らせるための道筋づくりは実に有意義な取り組みであるということなのです。

有能な中間管理職は、実はこの事情に気づいていて、中には自分なりの情報流通チャネルを確保している人もいます。社長が号令することにより、全社に対して同じことができれば、有能な人からもそうでない人からも、使える情報がスムーズに上がって来るようになるのです。

それを、仕組みとして社内に構築することができれば、情報は自動的に上がってくるようになる、それこそがアイディア・マイニングの基本思想であり、Future SWOT はそのためのツールです。

情報が上がってこないそのわけを、もう少し詳しく見てみましょう。

言われたことしかしない社員になるのは経営者の責任

「ニシダ先生、どうしてうちの社員は言われたことしかやらないのでしょうか？」コンサルタントをしていると、時々経営トップから悩みともボヤキともつかない質問を受けることがあります。その多くが、意外にもベテランから中堅社員に対して向けられるものなのですが、経営者の立場に立てば、「責任も権限も与えて、それなりの給料も払っているのだから、もう少し責任者らしい発言や気遣いをしてほしいものだ」と言いたくなる気持ちも分からなくはありません。

一方、社員からすると、入社以来ずっとそうだったのだから、誰からそう言われない限り変わらないと思っていても、あながちおかしくはないのです。

特に、オーナー経営者がカリスマ的なリーダーシップで経営しているような会社では、この傾向が顕著です。社長が2代目・3代目と替わっても、社員の方が変わらないというケースはよくあります。仕事を任せたはずの部課長が前線の下僚に対して「本件は、以前と同様に常務のご判断を仰いだ上で対応するように」などという指示を平気でします。

社長対社員の力関係は一度道筋がついてしまうと、それを大きく変化させるにはそれ相応の手続きとパワーが必要です。社長交代に合わせて手続きの変更を宣言すると比較的スムースに受け入れられるので、その機会を逃さないようにしてほしいものです。

社長交代以外にも、オフィスの移転や分社・合併、社名変更あるいは経営理念の見直しなどに合わせて、一緒に変更するのが望ましいでしょう。

そのような手続き変更の手順を踏まずに、社員との個別面談や人事考課などのみを通じて社員にメッセージを送るのは組織論的にいうと不十分です。社員は周囲の反応を観察した上で最終的な対応を決めるようになります。上下左右の誰も新しい方法に従っていなければ、自分だけ違うことをしてリスクを取る必要はないと判断しますので、結果的に社長からの指示は間違いなく空回りします。

したがって、経営者は、①組織に対して手続き論の変更を明示的に伝える、②個人に対して新しい手続き論に従った仕事の仕方を期待していることを明示的に伝える、③実際の事例を取り上げ、新しい手続き論に沿っていればそれを誉め、修正点があればそれを指摘するなど、社内全員に伝わるよう周到な対応が求められます。その際には、変更の目的をしっかり説明するようにしてください。そうしないと、いかにトップからの指示とはいえ、頭ごなしの変更であると感じる社員もいるからです。

そのような指示が出ていれば、次のような社内メールが回ってきても、社員に違和感を持たれることはありません。

「営業課長のニシダです。本件は、今期の売上計画で20％を占める最重要商談ですが、公共工事としての入札手続きが求められているものでもあるため、営業部としては応札書類の作り込みを最優先課題とします。担当者で並行作業のあるものは、プロジェクト名・納期・負荷・社内発注先について明朝10時までに私に報告すること。それを踏まえて私から社内調整を行います」

中間管理職たるもの、できればこのくらいのイニシャチブを自分から積極的に取って、仕事を動かして欲しいものです。

未来を拓くカギ、情報発掘ツール〝Future SWOT〟

社員そして中間管理職は、上司への報告に際して「それは報告する意味があるか」を吟味するため、現場で観察される多くの情報が上に上がって来づらいということがあります。この報告されずに現場に滞留している情報の多くは、「個人の記憶」しかも曖昧な記憶として存在しています。

本書では、会社の命運を決めるほど重要な情報の吸い上げを「仕組み」として提供しようとしていますので、これら曖昧な記憶についても可能な限り底ざらいし、少しでも拾い漏れを防ぐことを目指します。

そのための切り札となるのが情報発掘ツール〝Future SWOT〟です。これは当社（株）ＦＳコンサルティングが開発したアイディア・マイニングのためのカードゲームで、１セット52枚のカードにそれぞれ経営環境に関するキーワードが書かれています。それをゲーム形式でやり取りする中で、連想を得た内容を聞き取っていくという方式で、曖昧な記憶からも役に立ちそうな情報のカケラを抽出するのです。

後でお話しする通り、Future SWOTそのものはカードなしでも実施することができます。ただその場合は自由討議による発言をまとめなくてはならないので、どうしても成果にバラつきが生じます。決まった質問が書かれたカードを使うと、誰がどこでやっても一定の品質を得られるというメリットがあります。

第1章でS社の選抜グループに対して情報発掘ツール〝Future SWOT〟を使ったという記述しましたが、これがそのツールです。

なぜこのツールを導入したかというと、仕事の切り口からはなかなか表に出しづらい曖昧な記憶も、ゲームのための連想であれば気楽に開示できることが期待されたからです。S社の事例でも案の定、大変活発なアイディアの出し合いになりました。

実際には「技術の小型化による海外展開」というアイディアのほかにも「ITを活用した営業システムの一元化による効率化」、あるいは「試験サービスの外販化」など、第二・第三のメシネタとなりそうな案がいくつもありました。

一通りゲームが終了して成果が図解されると、参加者の間には部門の壁を越えた不思議な一体感が醸成されました。それは最終的にこれだと決めた戦略案を作ったのは、どの個人でもなく、グループ全員の力であることを参加者全員が実感しているからとしか説明できない高揚感でした。

様々なキーワードを手掛手りに連想を組み合わせていき、そこから触発された新しいアイディアが次々と加味されていくプロセスは、個人の曖昧な記憶が引き出され、鍛えられ、プラスアルファのアイディアも加えられて戦略案の下地として精製されていく工程そのものでした。

なぜこんなことが起こるのか。参加者それぞれが異なる職位や経験に基づき、微妙に異なる視点で仕事をしているからだと、私は考えています。例えば、海外からの顧客に対応するとき、営業マンと技術屋さんでは目の付け所が微妙に異なります。営業であれば交渉や連絡についての情報が重要だと思うでしょう。技術の担当者は先方の技術的な知見や制約条件に対する感性が強く働くきます。同じ1つの商談に同席していたとしても、全く異なる感想を述べることも多々あります。同様に、あるキーワードに反応する連想も、営業職と技術職ではだいぶ異なります。

それぞれの連想を双方の目で見直したときに湧いてくる新しい発想をアイディアの結合という形で共有し、さらに見える化してくれるFuture SWOTは、そんな役割を果たしてくれるツールなのです。

このツールは様々な使い方ができるのですが、現在、最も一般的に使われているのは

「10年後のありたい姿」を参加者全員で話し合うというものです。なぜ10年後なのかというと、もちろん今日・明日の姿について議論してもいいのですが、参加者の間に職位や年次の差があると、直接の利害関係が色濃く反映されてしまいがちなところ、10年後の姿を考えることについてはさほど制約条件が存在しないからです。

加えて、たとえ10年後についての議論であったとしてもそれが職場の未来についての議論であれば、職場での経験に立脚したコメントしか出て来ようがないことによります。つまり、曖昧なものも含めて発言者はまず、自分の記憶の中から手がかりを探そうとする、その性質を応用したものです。

このツールの開発には某大手金融機関の若手営業マンや大学生など、様々な立場の若者が協力してくれました。そのせいか「使われているコトバが若い」と言われることもあります。それでもその効果は実証済みなので、今後さらなるバージョンアップ図りながら、できるだけ多くの事例に活用できたらと考えています。

カードなしでもFuture SWOTを実施する方法

ここで、本書を読んでいただいている方へ特別に、カードなしでもFuture SWOT的なグループ討議を行う方法を伝授したいと思います。

ポイントは、問題意識を同じくする数名の参加者が、将来のビジョンを共有し合うというプロセスにあります。そのため、一般的なグループ討議の方法に比べて準備とフォローアップに時間をかける点が特徴的です。

(1) 実施方法

社内から選抜された社員４、５名に、「10年後の自社のイメージ」を自由に話してもらいます。その発言内容は、書記にパソコンで書き取ってもらいます。討議終了後に発言内容を箇条書きに整理し、そこから抜き出せる強み（S）、弱み（W）、機会（O）、脅威（T）を組み合わせて、参加者が10年後について想像している内容から導きだされる戦略案を見える化します。

（2）背景を確認し、目標を定める

まず何のためにFuture SWOTをしようとしているのか、誰が、なぜ未来のビジョンを共有したいと思うのか、実施の理由と目的を明示的に確認し、参加者と共有することが大事です。「社内のコミュニケーションを活性化したい」でもいいですし、「遠くない将来に想定される事業承継に備える」、あるいは「つい最近終わった事業承継を受けて、ベテラン社員と新社長の意思疎通を図る」などもあるかもしれません。また、とりあえずアイデア出しが行えればいいのか、あるいは実際の戦略案に近いものを期待するのかなどについても、きちんとした方向性を確認しておきます。会社として何らかの成果を期待する以上、グループ討議への参加は業務扱いにすべきであり、業務時間内に対価を払って実施すべきです。

（3）参加者を人選し、モデレータを立てる

参加する社員の人選には気を使います。普段、言おうとしてもなかなか意見を言えない立場の人をぜひ加えるべきなのですが、そういう人ばかりでは議論が盛り上がらないことも懸念されます。中に声の大きい人、職位が上の人が混じると独演会になってしまう懸念

も残ります。社内で実施する場合には、全員が討議に参加する場合が多くなると思いますが、可能であれば参加者とは別に１人モデレータ役を立てると討議の運営もスムースにいくことが多いようです。

（4）討議は長くても2時間まで

いきなり会社の未来について聞かれても、なかなかアタマが働かない人もいます。そういう人でも、仲間の発言に触発されて最後の方には自分の考えを言ってくれるようになるのですが、逆に2時間以上時間をかけても話し疲れてしまい良いアイディアが出なくなるため、グループ討議自体は長くても2時間までとするのがいいでしょう。

（5）まずはじめに論題と目的を説明する

モデレータがグループ討議の目的と「10年後の当社についてイメージしていることを出し合う」という論題を説明します。カンタンなコメントを、思いついた通りに発言してもらい、それを書記がパソコンで書き取っていくという段取りを説明したら、順番に何でも思いついたことを発言してもらいます。発言を促すため、モデレータは様々な切り口を用意しておいてください。例えば、10年後の主力商品は？　とか、10年後の競合相手は？　あるいは10年後の同僚はどんな人？　自分の趣味は何？　でもいいかもしれません。

(6) 発言内容を確認する

フリー討議に入ると、一まとまりのコメントを歯切れよく言ってくれる人ばかりではないことに気づくと思います。誰かが発言したとして、それは何をどう言ったのか、書記を助ける意味でも発言内容は逐一確認すべきです。書記が書き取る内容がリアルタイムで表示されるように、パソコンとプロジェクタがあると大変便利です。

(7) 箇条書きから、S／W／O／T／を選び出す

そのうち討議が白熱してきて、次から次へと発言が出てくればしめたものです。ただ、どんなに盛り上がった討議でもせいぜい2時間もすればその勢いは弱まるのが普通です。おおよその潮時だと判断できれば討議を終了させ、プロジェクタに書き出された発言リストを皆でチェックします。その中には、朗かな強み（S)、弱み（W)、機会（O)、脅威（T）が含まれていると思いますが、パソコンのマーカー機能などでそれが分かるように記録していきます。分類できない発言も少なくありませんが、一目で判別できない場合にはパスして次の発言を吟味するようにしてください。

（８）組み合わせを考える

一通り、S／W／O／Tが出揃ったら、次の４通りの組み合わせを考えてみてください。①「強みを機会に投入すると何ができるか」、②「強みで脅威を回避するためにはどうすればよいか」、③「弱みで機会を逃がさないためには何をしなくてはいけないか」、そして④「弱みで脅威を増幅させないためにはどのような対策を取ればよいか」です。ここで「強み（S）」の数が多すぎると時間を喰ってしまうことがあるので、プロジェクタを使った払い出しの段階で、似たような「強み」を出しすぎないようにすることが重要との指摘もあります。

（９）もっとも訴求力の高い組み合わせを選定し、「チャンピオン戦略」として関係者と共有する

とまあ、ざっとこのような手順を踏んで実施するのが良いようです。手順を文字にしてしまうと、タネも仕掛けもない単なるグループ討議であることがお分かりいただけると思います。比較的規模の小さな企業や団体で、内部コミュニケーションが円滑にできているところであれば、カードなしでもこの手順に従って実施することで、十分にFuture

SWOTの効果が得られます。

ただし、自由討議ですので、成果についてはある程度のバラつきが生じるのは仕方ありません。毎度同じような討議をしているつもりでも、体調やその日の話題の向き方などによって、素晴らしいアイディアが触発される場合もあれば、そうならない日もあるわけです。

そこで登場するのがFuture SWOTカードゲームです。これは組織の規模が大きかったり、事業所が距離的に離れていたりして社内のコミュニケーションに濃淡がある場合などを想定して開発されたものですが、ゲームを実施することで自由討議と同じような発想の刺激が誰でも安定して行うことができる、というものです。実際に活用された事例を次にご覧いただきましょう。

Future SWOTによるアイディア・マイニングの実施事例

ここで、埼玉県に本社を持つＩＴベンダー・ラジエンスウェア株式会社で実施したFuture SWOTによるアイディア・マイニングワークショップの事例をご紹介します。同社は創業10年ほどの若い会社で、特殊分野の営業情報管理に特化したシステムの設計から導入までを支援しています。社員は総勢15名で、新幹線の駅からほど近いところに立地しています。

営業的には社長が特定顧客との強い人脈を有しており、そこから横展開する形で業界内に深く食い込んでいます。大手競合他社に比べると、エンジニアの人数が限られる点は弱みですが、業界に特化した専業のシステムインテグレーターであり、なおかつ既存顧客から高い満足を得られていることが強みになっているという会社です。

社長は営業（特に新規開拓）に加えて公的機関・金融機関など外部との折衝を一手に引き受けており、開発と運用は主に正社員のエンジニアが担っています。営業部は既存顧客への対応が中心で、総務部は人事・経理を含む日常の調整業務を一手に引き受けています。少人数での事業展開がそうさせるのだと思いますが、全員攻撃・全員守備の文化が根付いており、総務部の社員も顧客からの電話を積極的に取るという訓練が行き届いています。その反面で、毎日就業時間中はひたすら忙しく、社内研修や新人教育がつい手薄になることへの懸念が強く感じられました。

東京都内で開かれた異業種交流会の発表でFuture SWOTのことを聞きつけた社長が「ぜひうちの会社で実施したい」ということで、直接申し込んで来られたのです。

「うちは創業からまだ10年と日が浅く、全体的に若い社員が多いんです。その中で経営的な業務に携わる社員がいないこともあって、なかなか社員をまとめられずにいるんですよ」

創業者である社長本人は60代後半と決して若くはなく、毎年堅実な成長を続ける同社の未来をどのように考えるのか、そろそろ決断を迫られるタイミングが気になってくる段階でした。

実際、会社に伺って直接話を聞いてみると、小さな会社である分人間関係は円滑ですが、事業をいかに発展させていくか、あるいは個々人の能力アップをどのように実現するかなどについてきちんと話ができていないこと、それらを忘れさせるくらいとにかく忙しいことなど、社内コミュニケーションを巡る声が多く聞かれました。

他方、待遇や仕事内容についてはあまり不安や不満の声は聞かれず、日々の仕事については、やりがいを感じ充実した日々を送っていることが伺えました。

Future SWOT導入について担当してくれたKさんは、年齢的には中堅どころに位置する方で、若手社員からは頼りがいのあるお姉さまという雰囲気の方でした。名刺の肩書も「マネージャー」となっているのですが、私を出迎えに来てくれた駅から会社までの道すがら、「上手くみんなをまとめられるか自信がない」と不安を口にします。

「これまで、様々な研修などをやってきましたが、社長に対して意見するというような方向性のものはありませんでした。それに、会社の将来のことをオープンに話し合ったことなど、これまでは全くなかったものですから…」

大丈夫ですよ、お任せくださいという私に対して、Kさんはあくまで控えめです。

●10年後、自社はどうなるのか？

開発、運用、営業および総務から、総勢５名で初日のセッションがスタートしました。

まずは私から、自己紹介に続いてFuture SWOTカードゲームの進め方を口頭で説明します。

次に配られたカードを使って、順次「10年後のラジエンスウェア社」について感じたことを発言していきます。「10年後、どんな脅威がある?」「10年後の取り扱い商品は?……」日頃考えたこともなかったお題目に、しばし手が止まる人もいましたが、比較的若い方が主体だったせいもあるのでしょう、意外なほどにすらすらと答えが出てきます。

私はと言えば、皆さんの発言を促しながら、全員がついて来られるようにあくまでゆっくりとセッションを進めていきます。他方で皆さんの発言を逃すまいと、スクリーンを見ながらパソコンの手だけは忙しく動かし続けました。

このところ世の中では、IT企業という括りでは間に合わないほど、IT分野の業種・業態はユーザーニーズや技術の変化に合わせて急激に専門特化してきています。

例えば、インターネット上でB to Cのクラウドソリューションを提供している会社と、ラジエンスウェア社のように分野特定のシステムインテグレーターとでは、同じ哺乳類でもゾウと猫くらい生態も寄って立つ技術のコアも異なるということが改めてよく分かりました。

ラジエンスウェア社の場合、クライアント側の変化が自社の将来に及ぼす影響がとても大きく、①人手不足対策の進展、②ロボットやAIの導入、③クライアント側の業態改革などがどのような影響をもたらすのかなど、参加者の間でも意見が分かれる点が多くありました。それが自社にとってどの程度ビジネス上の機会となり、どの程度脅威となるのか、人によって認識のトーンが違うため、カードへのコメントが出るたびに他の人が追加で何か言うという展開でした。おかげで発言の数は、通常のセッションでは70~80件ほど出てくれれば大成功なのですが、100件近くのコメントを拾うことができました。

ファシリテーター役を務めた私も、そしてラジエンスウェア社の社長も驚かされたことは、社員の皆さんが思った以上に会社のことや将来について、あれこれ考えているということでした。発言数の多さもさることながらその内容も多岐に富んでおり、「これだけの情報が眠っているのなら、もっと他のメンバーにも参加してもらいたいですね」と、セッションが終わるころに社外の打ち合わせから戻ってきた社長はずいぶん乗り気になった様子です。その後、発言内容を皆で吟味するプロセスを経て、選抜社員5名でまとめた10年後のラジエンスウェア社の事業戦略案がみごとにまとまりました。

以下は、ワークショップに参加したメンバーの声です。

「漠然と思い描いていたことを改めて考えることができました。声に出して言うことで、より深く考えることにつながっているのだと感じました。ゲームなので気軽に参加しつつも、相手の思いが分かる良い機会になりました」

「ゲーム形式で行われるので、全員の意見が出やすくなっているのが良いと思いました。1回だけやっても意味がないので、ぜひ継続して実施してほしい」

「他の人の意見や発想を聞くことで、1枚のカードの内容が広がっていくのをみて、今後の発展につながると感じました」

「社内でも漠然とした課題と捉えられていたが、ディスカッションによりやらなければならないことが明確になりました。業務を行う上でのモチベーションにつながりました」

「もっと多くの社員ともワークショップができればいいと思います」

●社員は一丸に、売上げは上がる

市場環境の変化が激しいＩＴ分野、特にシステムインテグレーターという業態は、運用を通じたクライアントとの接点が多いため、「顧客に対峙する社員が最も近くで顧客に接している」という特徴があります。営業部のスタッフよりも、あるいは社長よりもクライアントと長い時間を過ごしているのですから、その情報やアイディアを活用しない手はありません。それを吸い上げて、みんなの知恵として見える化するために、アイディア・マイニングは最適の手法です。

成果に手ごたえを感じられたのか、社長からは、「Future SWOT を実施したことによって社員が一丸となることができました。モチベーションも目に見えて高くなり、それが売上げ増に直結しています。ニシダ先生に、ぜひもう一度ワークショップをお願いしたいです」との、ありがたいお話をいただいています。

むろんワークショップ単体でもこのように成果が上がるのですが、せっかくの機会なのでぜひ『明日コン』を受講して、自社内でアイディア・マイニングによる提案の仕組みを構築されることをお勧めしたいと思います。

長期ビジョンの大切さと「仮想将来人」モデル

世の中には様々なビジネスモデルが存在していますから、人によっては社員の持つ情報やアイディアを吸い上げて、それを未来の絵姿に落とし込むという処方に違和感を持たれるかもしれません。前線で現在目撃している情報は未来の戦略ではなく、現在のソリューションを議論するためにこそ使われるべきものというご指摘も間違ってはいないからです。

それでも『明日コン』が敢えて長期ビジョン作成にこだわるのは、前線の情報を使って長期ビジョンを議論することが、社員から情報を吸い上げるために最も適した課題であると絶対の自信を持っているからです。当然それには理由があります。

その1つは通常、社員たちのほうが経営層よりも年齢的に若いので、自らの職業人生を経営層より明らかに長い時間軸で捉えているということです。「会社のこれから」を考えたとき、それが10年先なのかあるいは30年先なのかという視点に立ち、無理なくどこまで想像力を伸ばせるのかというのが1つ目の理由です。10年先であればある程度の想像力でカバーすることができるのに対し、30年先については流石にそこまで未来を見通すのは簡単ではないでしょう。

次に、今日的な課題解決はそもそも業務の範囲で何らかの手が尽くされている「はず」であって、新たに吸い上げた情報で対策を取るべき対象にはなりにくいという理由です。圧倒的多数の会社ではすでに何らかの手が打たれているはずの課題には、いまさら感が先に立ち、議論が広がりにくいという欠点があるのです。第1章に登場したS社でも定例の経営会議や幹部会議は開催されており定常的な課題への対応はそこで議論されていて、新しい要素が議論される余地はほとんどなかったのです。

さらに前述の通り、短期的な議論になると部門間の利害対立が出て来やすいのですが、長期の視点に立った議論ではそれが起きにくく、むしろ会社の繁栄という共通の利害関係に立って議論ができるという違いがあります。

そして、これも一部繰り返しになりますが、会社についてどんな未来を議論するにしても、その議論を支えるのは過去そして現在の記憶しかないという人間の限界がありまして、第3章で詳しく述べますが、これこそが「報告されずにいる」現場の知見を引き出すカギなのです。

ここで、高知工科大学の西條辰義先生らがフューチャーデザインという考え方を通じて

図②　仮想将来人

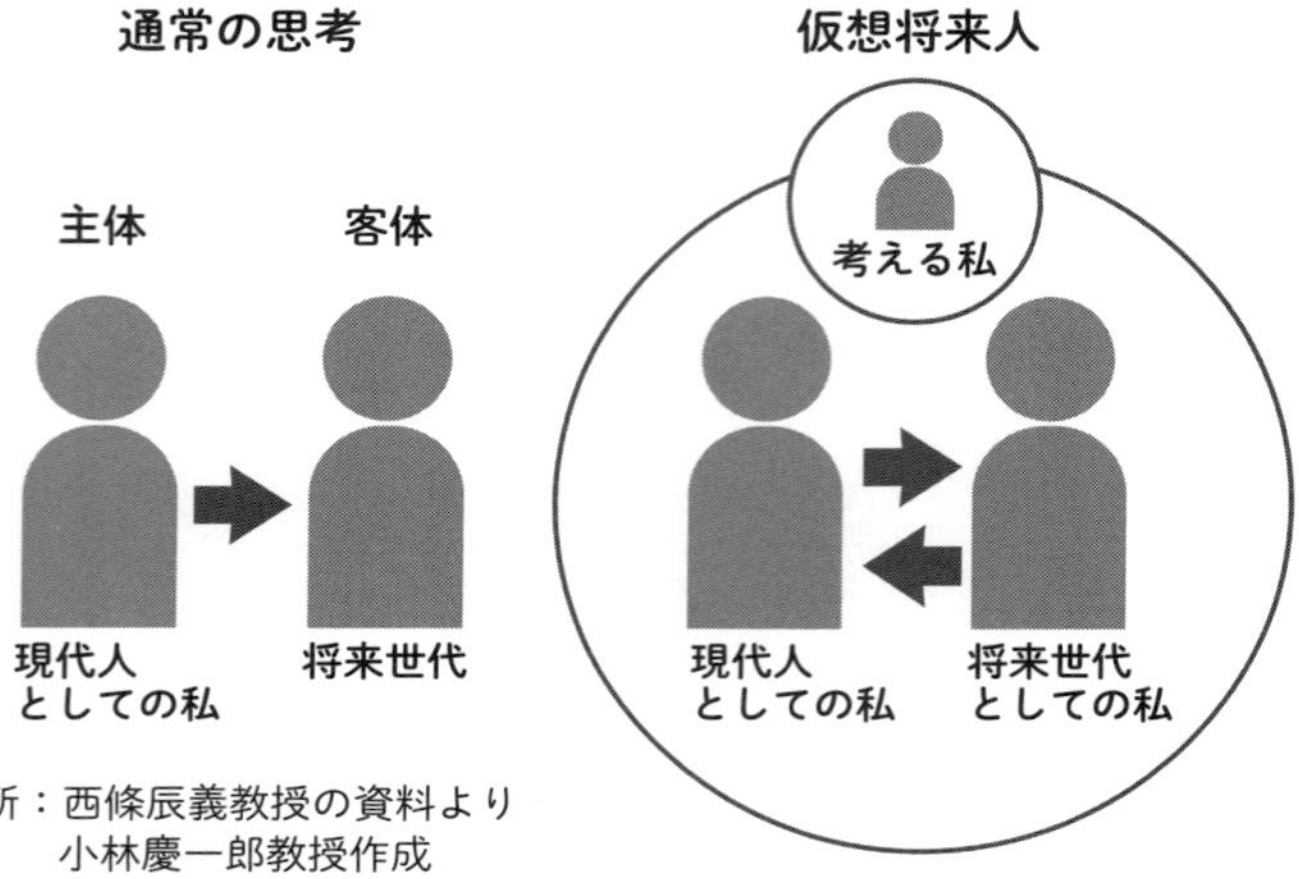

出所：西條辰義教授の資料より
小林慶一郎教授作成
日経新聞 2018 年 2 月 13 日「経済教室」を一部変更

提案している「仮想将来人」というモデルを紹介しておきます。

現在が自分の時代で、未来は誰か他人の時代であると認識するモデルではなく、現在もそして未来も主体は自分（あるいは自身の子孫）であると捉え、その2つの時空を超越的に俯瞰している自分を想定するという考え方です。第一者として未来を捉えることで高次の意識を持つことができるという効果が確認されているアプローチです（図②）。

本来は、国の政策や地球環境問題などを考える上で、7世代後の子孫にわたる利害関係を自らの問題として捉えることで、負の遺産を先送りする安易な選択肢を取りにくくする効果が期待されているようで、西條先生は政府の機関として「将来省」を設置することを提案されています。実際に慶応大学の小林慶一郎先生により「子や孫を持つ者の方が、将来世代の利益への関心が強まる傾向があるという、心理学的な実験結果」が報告されています。

時間軸の長さはまるで違いますが、Future SWOTも、ある程度この考え方に近い要素を持っていると自負しています。確かに、ベテラン社員にとって10年先の未来は自分がリタイアした後の時代なのかもしれません。それでもその職場を自分の手で良くするチャンスがあったとしたら、まじめな職業人であればやはり最善を尽くそうとするのではないでしょうか。

情報の吸い上げの仕組みづくりでベテラン社員を核に置くことは多くないかもしれませんが、未来の議論だからといって積極的に排除する理由もまた存在しないのです。

経営理念が果たす重要な役割とは

下からの情報が上がってくるように社内の道筋が整備され、社員の心に仮想将来人的な長期の時間軸が形成され、Future SWOT が実現するような部門の垣根を超えた知恵出し（アイディア・マイニング）が上手くいったと仮定します。ここで重要な役割を果たすのが「経営理念」なのです、ところが、様々な会社を見ていると、会社の使命や理想の姿を分かりやすい言葉で素晴らしい理念を掲げた会社があるかと思えば、なんだかぼやけた文章が並び、「果たして社長自身がこの経営理念をしっかり理解しているのかな？」と思われる会社もあったりします。

社員からの情報を吸い上げる仕組みを社内につくる上で経営者が取り組むべき課題は少なくないのですが、私は「経営理念に魂を入れること」が経営者の最も重要な仕事であると申し上げています。

将来のこと・新しいことを考えるとき、現場で手に入れたヒントだけをたよりにしていると、いつの間にか会社の守備範囲を離れてまとまりのつかない考えに陥ったり、また、どちらか1つの案を選ばなければいけなくなったときに判断がブレたりします。議論に参加している社員は、手探りで方向性を探しながらあれこれと考えを表現してくれます。そんなとき、経営理念は、暗い海を行く船にとっての灯台にも似た、方向性を指し示す定点の役割を果たしてくれるのです。

「それだと、古い考えに規制されてしまい、イノベーションを起こすようなアイディアが疎外されるのではないですか?」、以前そんな質問をお受けしたことがありますが、結論から言うと全くその心配はありません。

なぜなら、そこまでエネルギーのある提案は、情報吸い上げの仕組みを使うまでもなく、放っておいても何らかの形で噴き出てくるからです（油田開発などの専門用語ですが、自噴圧が高い、と表現します）。逆に、見逃してしまいそうな小さな気づきの数々は、放っておいただけでは上に上がってこないし、社内提案に関するレベルの高い要求には耐えられず、つい引っ込めてしまうのです。

経営理念を明らかにすることで、たとえ短期的に事業が停滞していたとしても、社員を奮い立たせる効果があります。長期的な視点に立てば、会社が社会善を求める方向性には誤りがないのだと肯定的に捉え、間違っていてもいいからまずはアイディアを披露してみようよと誘い水をかけることで、それまで出てこなかった意見が少しずつ外に出てくるようになります。

私の経験から、今仮に事業が停滞していたとしても、長年経営者の拠り所になってくれていた経営理念は、間違いなく再度見直してみる価値のある考え方を示していて、新しいアイディアを探す意義を提供してくれるものです。

しっかりした経営理念が示されていれば、どんな突飛なアイディアが出て来ても驚くことはありません。経営理念を定点として、それに照らし合わせてアイディアの適否を判断すればよいだけです。

とはいえ、社会は以前とはケタ違いのスピードで進化しており、事業承継などで経営者が交代する段階においては経営理念を見直したり、今風のビジョン・ミッション・行動規範などに置き換えたりするケースも珍しくありません。そのような場合には、これまでの経営理念との違いは何なのか、そしてその変化はどのような理由によるものなのかについて、社員の末端までが分かるように説明し、社内に浸透させるのが経営者の責任です。

西日本のある県に、R社という中堅企業があり、3代目のオーナー社長が大変先進的な経営理念を掲げて資源循環を効率化させる事業を展開しています。R社は身障者雇用を積極的に進め、女性の登用も進んでいる会社なのですが、この会社のホームページを開けると、社長の顔とともにすぐに目に飛び込んでくるのが、外でもない経営理念なのです。ここまで周知されていますから社員も経営理念を軸とした判断がしっかりでき、方向性を間違うことなく、きちんと情報の払い出しができる素地を身につけています。

資源循環を扱うビジネスは、いわゆる３Ｋ（きつい・汚い・危険）的な要素もあって、業種的には必ずしも魅力ある分野とは言えないかもしれません。それでもＲ社の若手社員、特に女性社員には、オーナー社長そしてＲ社のファンが多いのです。これも経営理念を高く掲げたことの成果であろうと見ています。

自社について振り返る場合は、経営理念が将来を考える上で定点として機能するものになっているか、社内に浸透しているか、さらに情報吸い上げの仕組みを導入する段階でしっかりと参照できるかについて、虚心坦懐に自省してみてください。

経営理念のような制定されたものがない会社は、情報吸い上げの仕組みづくりに先立って、社員が納得する経営理念を制定することを強くお勧めします。会社によって、ビジョン、社訓あるいはクレドというような呼び方をされる場合もありますが、要は社員がものごとの判断をする際の拠り所となるようなものであれば名称は何でもかまいません。

ただ、取ってつけたような違和感を醸し出したり、経営者自身がそれを拠り所としなかったり、日頃の発言に活かされなかったりすると、定点としての役割が果たせません。

くれぐれもそのようなことのないよう、新たに制定する場合には、社内の納得を十分に得た上で制定してください。

年頭所感や朝礼の挨拶にも一定の効果がある

経営者であれば、社内の行事や朝礼などで挨拶する機会が日常的にあるはずです。特に年頭所感は、社内報などで活字になることも少なくないでしょう。毎週、朝礼で行われる経営者の挨拶は、社長から社員への重要なメッセージです。それらに込められた経営者の思いは社内で共有されています。社員にとっては、自分たちの判断基準としてとても役に立つ情報なのです。

経営者は、初めて経営理念を文字にするような場合でも、常日頃自分が伝えているメッセージを大事にしてください。本当に伝えたい部分をしっかりと経営理念に落とし込むようにすると、社員の理解も円滑に進むでしょう。

これまで経営者自身が言ってきたことを一度振り返ってみるのも価値があります。過去の年頭所感をまとめて読み返したり、最近の朝礼で話した内容を思い返してみると、未来をどう見てきたかという歴史を眺めることができます。それまで自らが関わってきた歴史の延長線上にしか、自らの未来の絵を描くことはできません。その限界を打破しようと思えば、誰か他人の力を借りるしか方法はないのです。そういったものの道理を踏まえたメッセージであることが、経営理念には強く求められるのです。

社員が会社のコアファンになると

世の中には様々な会社があります。宝塚歌劇団のファンように、会社と強く結ばれた顧客（固定ファン）が、必死になって応援してくれるような会社があるかと思えば、その逆にパートやアルバイトが、自分の買い物は絶対勤め先以外の店に行くというスーパーがあったりします（詳しくは、佐藤尚之さんの著書『ファンベース』（ちくま書房）をご覧ください）。

ファンの中でも、その会社の哲学や理念に心酔していて、もはや身内に近い立ち位置のファンのことを佐藤さんは「コアファン」と呼んでいます。その存在は会社にとって決定的な強みになるわけですが、哲学や理念に共鳴するという意味で、私は社員こそが会社のコアファンであるべきだと考えています。

経営と対等の立ち位置で、哲学や理念について語り、それを実現するために経営者と一緒になって悩み、時には批判も辞さない社員、そんな社員がいたらと思う経営者は少なくないと思います。でも、もしそれがアイディア・マイニングの仕組づくりによって確実に実現できるとしたらどうでしょうか？

佐藤さんの言う「インナーコミュニケーション」がこれに近いと思うのですが、「まずは全員が同じ方向を見て、顧客の課題解決をしていくことが社員の共感につながる」（「ファンベース」より）とされています。

本書で紹介しているラジエンスウェア社がまさにそうなのですが、それまで順調な成長を続けてきた同社が何気なくやり過ごしてきた経営理念の明示化と、それを踏まえた将来像を社員が部門横断的に語ったことで、見えない段差が埋まり、社員と会社そして社員相互の心理的距離がぐっと縮まったのです。

これも本章冒頭で登場した、忙しさに紛れてつい上司に顧客情報を繫ぎそびれたスーパーマーケットのAさんも、報告書が回覧されただけで自分の意見がどこかに消えてしまいそうな金融機関のB君も、職場全体が「インナーコミュニケーション」を重視してくれていたなら空しい思いを感じることもなかったでしょう。

Future SWOTは、このような状況を打破するためのツールとしてうってつけの手法なのです。

社長の人格に勝るものはない

稀ですが、経営理念が明文化されていない会社で、社長が滅多に社員へのメッセージを伝えないという会社でも、社員の信頼を勝ち得ている社長がいたりします。社長が社員と一緒になって現場で汗を流し、同じ釜の飯を分かち合って長い時間を過ごしているというような会社に多く、社員は社長に対して全幅の信頼を寄せています。

結局のところ、文書よりも社長の人柄・人格がモノを言うという典型例ですが、そういった会社でも、会社が大きくなる過程で情報吸い上げの仕組みをつくっておくと、より大きく成長するための基礎となります。会社が小さい時には問題にならない社長と社員の距離が、成長して人が増え事業規模が大きくなるにつれて、いつの間にか大きな距離ができてしまいます。それに備えた仕組みをつくっておくことが、有効な対策となります。

＊　＊　＊

企業規模の大小を問わず、社内の情報を網羅的・効率的に集めようとするなら、経営者の指示に基づいた仕組みづくりは必須です。第3章では、仕組みづくりによって拾い上げられる情報の性格と、それを効率的に集めるためのポイントについてご紹介します。

まとめ

第2章でお伝えしたことをまとめると、次のようになります。

①忙しさに紛れて、上司への報告を忘れたり遅れたりすることはごく普通に発生している。

②仮に報告が上がっても、現場レベルで対策が取れるものとそうでないものがあり、上司（中間管理職）の能力、権限や裁量によって結果が異なる。

③権限や裁量を超える課題については、さらに上へ報告するかどうかで曖昧な処遇が行われることも少なくない。

④知恵やアイディアが死蔵化すると、社員の士気にも影響する。

⑤知恵やアイディアを拾い上げる仕組みは、経営者が配慮して設置しないと社内に自生することはない。

⑥Future SWOTは仕組みの中核をなすもので、グループによる自由討議でもある程度の成果が上がる。安定した成果を得るにはカードゲームを使えばよい。

⑦うまく仕組みを構築することで、社員を会社のファンにできる。社員が一丸となることで売上げ増が期待できる。

⑧仕組みを動かす上で経営理念の存在は重要な要素だが、何より大切なのは社長の人柄そのものである。

コラム：「未来志向型社員」

一般的な企業であれば、部課長以上の幹部はその多くが一定の事業責任を分担し、同時にある程度の権限を駆使して仕事をしているはずです。

逆に言えば、中堅以下の社員はこれら幹部の指揮命令の下で、限定的な権限に基づいた短期的な業務に従事している場合が多いはずです。いきおい彼らの思考回路（マインドセット）は短期的・刹那的なものになりがちで、経営理念・経営戦略よりも業務目標や納期、ノルマや締め切りに考えが向いてしまいがちな日々を送っていることが少なくありません。

Future SWOTが目指す「未来志向型社員」とは、刹那的なマインドセットを克服し、長期的かつ俯瞰的な視点から、「なぜ自分は今この仕事をしているのか」を理解できるタイプの社員です。10年あるいはそれより長い時間軸に沿って、将来自分が仕事の上で責任者になるためのプロセスとして自らの仕事を再定義できる社員とも説明できます。

つまり、日々の業務は目的であると同時に、自分にとって長期的な成長のための手段であるという捉え方になるため、単に達成すればいいだけのものではなく、どのように達成するか、それが長期的にどのような意味を持つかまで、関心を持って仕事をするようになります。

逆説的に聞こえるかもしれませんが、今日の仕事に忙殺される刹那的社員に比べて、未来志向型社員のほうがはるかに今日の仕事を大事にします。未来を見据えることは、すなわち「より良く今を生きる」ことと同値なのです。

第３章

潜在情報「ソウイエバ記憶」の集め方

第2章でお話した社員から吸い上げる情報で対象となるのは、社員が普段は忘れているような意識の下部にしまい込まれた情報のカケラが中心となります。

打てば響くように返ってくる新鮮ではっきりした情報に比べると多少ぼやけていて、鮮度的にもはっきりしない、裏を返せばそれなのに「なぜか」「ずっと」気になっていた情報なのです。

最前線で顧客に接している社員が「なぜか」「ずっと」気になっている情報は、それがどうして気になるのか論理的に説明できるとは限りませんが、第六感だったり永年の勘、あるいは虫の知らせみたいなものです。現場の第一線でその情報に接した社員の心が、「これは何か気にした方がいい」と呼び掛けたことによって記憶の隅に引っかかっている状態のものと言えます。

この記憶のカケラのことを、私は「ソウイエバ記憶」と呼んでいます。

ここでは、「ソウイエバ記憶とは何か」「ソウイエバ記憶はなぜそのままでは集まらないのか」「どうすればソウイエバ記憶から有効な情報を抽出できるのか」についてお話しします。

ソウイエバ記憶とは何か

往時のベストセラー『メンタル・マネージメント』の著者、ラニー・バッシャムによると、人間の意識は一度に1つのことしか考えることができないのだそうです。

意識していられる1つのこと以外の情報は、意識に止め置けないため、バッシャムが言うところの「下意識」へ一時的に追いやられることになります。

「下意識」は、意識から見れば外部記憶装置みたいなものなのですが、パソコンのハードディスクと違うのは、習い性として身につくもの以外は、そのうち忘却される運命にあるということです。そのため、仕事で同時にたくさんの情報を扱わなければいけないビジネスマンはメモ帳が必須なわけです。

それで思い当たるのは、初心者にとってゴルフがどれだけ難しいゲームかということです。止まっているボールを打つだけの大変シンプルなゲームなのですが、わずか1秒内外の時間に「頭を動かさない」「スタンスはスクエアに」「腕の三角形は極力保ったまま」「左手のリードを意識して」「左手の甲を打球方向に向ける」その他注意事項がたくさんあるというのに、意識が一度に考えることができるのはわずか1つだけだというのですから。

これを解決してくれるのが下意識で、反復練習によって体に刷り込まれた様々な注意事項は、動作の反復に反映されるようになり、いちいち意識しなくても実行できるようになるのだそうです。反復による習慣化が、意識の限界を超えるための条件というわけですね。(図③)

さて、意識が考えることのできる1つのこと以外のことがらは、下意識へと追いやられるわけですが、実はこの下意識にも浅い・深いがあり、連想が働きやすい情報や鮮度や確度が高い情報は比較的取り出しやすいのですが、古かったりぼやけていたりする記憶は取り出しにくいのです。昨日のランチに何を食べたかは思い出せても、先週の月曜日のランチはなかなか思い出せません。でも、「先週月曜日の支店長会が終わった後、久しぶりにお会いした札幌支店長に連れて行ってもらったような重は美味しかったなあ」というような連想につながる記憶だと比較的思い出しやすかったりします。

この下意識にある記憶のうち、連想を辿ることで思い出せたり、何かの発想のきっかけ

図③　意識と下意識

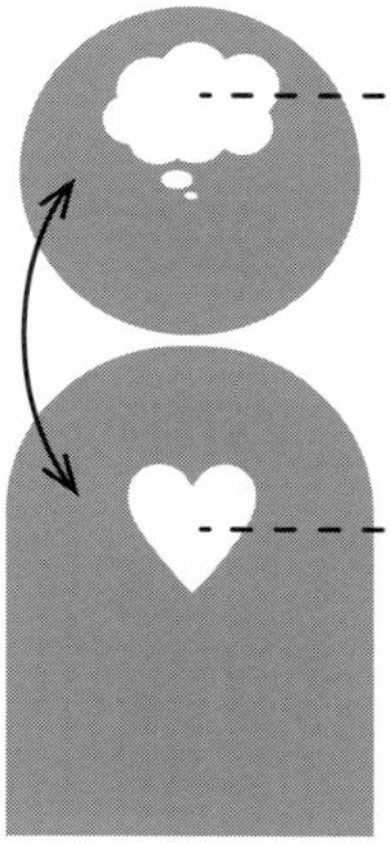
意識：一度に１つの事しか把握できない。
下意識：意識に止め置けない記憶を一時的または長期的に収納する。一時的な記憶は、訓練によって動作の反復に反映されるようにならない限り、やがて忘却される。

となるような潜在的な記憶のうち、思い出して形にできるものが「ソウイエバ記憶」なのです。

定義としては、普段は忘れていることが多いが、何かのきっかけで思い出すことができ、そこから様々な発想を呼び起こすことができる記憶であると言えます。記憶の深淵から呼び戻したカケラのような情報でも、意外と斬新な発想につながることがあるものです。反対に、せっかく思い出したのに「だから何なんだ」といった役に立たない記憶もあります。このあたりは、とりあえず出るものを集めた上で揉んでみないと何ともいえない部分です。

「ソウイエバ記憶」は、１人で瞑想するなどの方法でも取り出せるのですが、やはり最も効果的なのが、職場の同僚など対象とする情報を共有できる立場の人たちとグループ作業で行う方法です。詳しくは本章の後半で触れます。

「ソウイエバ記憶」はなぜ放置されるのか（1）
―情報伝達の3要素―

では、「ソウイエバ記憶」はなぜ報告・共有されず、下意識へと追い込まれてしまうのでしょうか。それにはいくつか理由や背景がありますが、その1つが「報告されるべき情報には資格要件がある」という不文律です。

職場での研修などでよく「報連相の重要性」などと合わせて「5W1Hで整理する」などのまとめ方を教わったと思いますが、業務上の報告は、ある程度の整理と裏付けが取れていることが必ず求められます。少なくとも、①新鮮な情報であること、②確実な情報であること、③ある程度の細かい中身が分かっていることくらいは求められるのではないでしょうか。つまり、情報をやりとりする場合には、その鮮度・確度・粒度が重要になるということです、私はこれを「情報伝達の3要素」と呼んで、コンサルティングを進める上で重要視しています。

「15分ほど前にサービスカウンターへ、60代の女性のカスタマーの方が、総菜売り場のスチレンボートが割れていたとのクレームを商品とともに持ち込まれました」と言われればナルホドと聞けますが、「一昨日サービスカウンターへ、カスタマーの方がクレームを言いに来たそうです」では報告としての価値はぐっと下がります。

鮮度は読んで字のごとく、情報の新鮮さを追求するもので、報告のタイミングを失った記憶は、それだけで上司への提示をためらう原因になったりするものです。

確度は、当事者の報告であれば間違いないのですが、伝言を受けたり、管理職としていくつかの情報をとりまとめたりするうちに、どうしても伝聞が混じってきます。確度に自信がないからと、上司への報告に待ったをかけてしまったという記憶は、読者の皆さんにもあるのではないでしょうか。

情報の粒度は中身の細かさを表す指標で、「総菜のスチレンボートの割れに関するクレーム＋60代女性」というところまで押さえているかによって、報告を受けるほうの受け止め方が違ってきます。漠とした情報を上げても「何のための報告なんだ？」と逆に問い返されてしまいます。新人のころ、自分で納得できていない情報を、それでも良かれと思って上司に報告したばかりに、かえって叱られたという経験がある方も多いのではないでしょうか。

細かい点をきちんと確認しなかった情報は上司に上げづらく感じるものです。

このように、情報の鮮度・確度・粒度のいずれか、またはすべてに懸念が残るような情報は、そのままだと報告に上げられず放置され、やがて忘れ去られてしまうことは珍しくはありません。

その中に重要な発見のヒントが隠されていないとも限らないのに。

「ソウイエバ記憶」はなぜ放置されるのか（2）
―忘れる―

スーパーの契約社員Aさんの事例でもそうでしたが、人間の意識が一度に1つのことしか考えられないという制約があると、どうしても「短時間、忘れている」というシーンが出てきます。正確に言うと、意識の上からそのときだけ下意識へと追いやられているだけで、何かの拍子にまた思い出して意識の上に記憶が戻ることもよくある話です。

残念なことに、忘れている間も時間は過ぎていくので情報の鮮度はどんどん落ちていくのです（さらに悪いことに、歳をとるとどうしても、忘れている時間が若い頃に比べて長くなります）。それだけでも、上司への報告に上がらなくなる十分すぎる理由になります。「なぜ昨日の段階で話してくれなかったんだ」と言われるくらいなら、ほぼ確実に情報はそこで止まります。

これが続くと職場の風通しが悪くなったと感じられるようになるので、そのような気配に気づいたら、上司から積極的な情報共有を呼びかけるなど、対策を講じたほうが良いでしょう。

逐次報告の機会を逃した社員に対しては、例えば、週例ミーティングなどで報告の機会を与えるなどセーフティネットを用意することで、風通しの悪化はある程度避けられるはずです。

また報告者の立場からは、自分で締め切りをつくるという方法も一案です。「日々の発見に関する報告は毎日退社前にまとめて行う」など、ルーティン化しておくなどの方法です。

これを有効に働かせるために、報告を受ける側でも、退社前には必ずフェイス・トゥ・フェイスで報告を受ける機会をつくる、あるいはホワイトボードを活用した連絡板をつくるなどの工夫があるとさらに良いでしょう。

「ソウイエバ記憶」はなぜ集まらないか（1）
―忙しい―

職場で気になった発見や、上手く説明できないけれどなんだか気になる情報は、気づいた社員としても、できれば社内で共有するなりして前向きに活用したいと思っているはずです。ただ、社員は皆、忙しい業務を抱えています。そして間違いなくその全員が、職場では業務優先という義務を課せられています。

昨今では、業務負荷は変わらないのに「業務効率化」や「働き方改革」を言われ、業務のために使える時間を制限される動きが強まっており、職場にいる間は非常に忙しいという状況が常態化しています。

人間誰でもそうですが、忙しいほど重要な課題から選択的かつ順番に対応するのは当然です（医療現場で事故などの時にとられる「トリアージ（重症度・緊急度に基づく優先順位付け）」という対応は同じ考え方によるものです）。その結果、曖昧な情報や緊急性の高くないタスクは、気がついてみれば長い間放っておかれてしまっています（私ごとで恐縮ですが、私のタスク表には今から４年くらい前に書かれた「できれば読む本」のタイトルがいまだに貼り付けられていますう）。

前項の「忘れる」でも触れた「セーフティネット」の構築が１つの対策にはなると思いますが、恒常的に「忙しい」状態が続くと、提案機会そのものを見送ろうという動機につながることにもなります。

そのような状況でも、業務を中断できる機会を儲け、その時間を情報の発掘に惜しみなく使える場を準備してやる必要があります。合宿研修などに参加した社員から「普段言えないようなことが言えた」などの感想が聞かれるのは、まさにこのような場に巡り合えたからです。とはいえ、合宿形式では準備の手間もコストもバカにならず、毎月実施するというわけにはいきません。

Future SWOTを使ったグループ討議なら２〜３時間集中することで、ソウイエバ記憶を発掘することができます。これを社内で繰り返し実施することにより、社内に溜まったソウイエバ記憶を定期的に掃除することが可能となります。

「ソウイエバ記憶」はなぜ集まらないか（2）
―デモーション―

多くの職場で、役に立つかもしれない小さな発見や情報が上司へ報告されない最も大きな原因が、社員が自縄自縛的に報告を諦めてしまう（デモーション：心理的抑圧）プロセスによるものです。

1つ目の典型的な反応は、「メンドクサイことは嫌だ」という感覚が、非日常的な対応を躊躇させるというものです。普段通る道に普段と違うちょっと大きなゴミが落ちていたとして、それを拾って傍のゴミ箱に捨てに行く人よりも素通りしてしまう人が多いというような社会観察に見られるパターンです。

「メンドクサイから止めとこうぜ」。トラブルは予め避けて通りたいという人間心理が、常にどこかで自分に対してそうささやいてきます。

「今お前がそれをしたからって何も変わらないって」、人間心理はそんなふうに自分が行動を起こすことを引き止めようとします。

２つ目の典型的な反応は、「いつも（前回）と同じでいいんじゃないの？」です。この考え方は、いつもと同じ報告内容であれば上司は目に止めないのでチェックがあまく、説明に超過時間を取られることもないというものです。メンドクサイことを嫌う心理と似ています。しかし、気づいていたにもかかわらず報告しなかったことが原因でトラブルが発生した時は、「気がつきませんでした」といった虚偽の報告に繋がることもあり、やや深刻な症状です。

これらはいずれも心理的な馴れに起因する反応です。仕事は本来、変化を伴うものであることを理解できていないのです。大きく言えば職業人としてのキャパの問題であり、小さく言えばサボり癖の露見にすぎないとも言えます。

３つ目の典型的な反応は、「要は○○さえやっときゃ良いんだよね」というものです。専門用語で「手段の目的化」と言ったりします。仕事は本来、目的を達成するための手段として実行されるものなのですが（究極的には「経営理念の実現」「経営目標の達成」がそれに当たります）、目的の部分が霞んでしまい、手段としての仕事さえできていればそれで良いという割り切りが優先されてしまう場合が、これに当たります。

本来、目的達成の手段であるべき業務が目的そのものにすりかえられてしまっていて、達成度は問題にされないロジックへと変質します。そうすると業務品質は低下しがちになり、「ソウイエバ記憶」にまで心を配るという反応が見られなくなります。

正社員やインターンなどに比べて、アルバイトや単発の派遣で仕事をする人たちの中に、仕事に関する会話を好まない人が多いと感じる方も多いのではないでしょうか。働くことの意義が今日の糧を得るためだけなってしまうと、どうしても目的意識を高く持つことが難しいのです。

4つ目の反応が「何かもっと大事なことがあるんじゃないの」に代表される間接的な忌避感です。単純にやりたくないという場合もあるかもしれませんが、プロセスのどこかに割り切れない部分や納得できないものを感じるなど、アタマでは分かっていてもどうしてもハートが乗れない、というような心理状態によく目にします。これは、潜在的なコミュニケーション不足やコミュニケーションを巡る過去のネガティブな経験などがきっかけになっていることがあります。

5つ目の反応は、会社にとってこれが最も重症なのですが「だって・でも・どうせ」に集約されるアキラメ感に起因するものです。自分にはどうにもならない外部要因により全力を尽くせないとなった時、社員はそのモチベーションを大きく損ないます。第5章で紹介する情報活用の失敗事例では、組織として間違った対応をしたことが構成員のアキラメ感を増幅させたケースがいくつも出てきます。

デモーションの原因は1つではありませんが、いずれも社員のやや冷めたような心理状態に近いものがありますので、対策としては「いかにその気になってもらうか」が最も重要な視点です。

デモーションを引き起こしてしまう理由のすべてに言えることは、会社に対してさほど愛着を感じていない、あるいは愛着を感じたいのにそうできない、させてもらえないという心理状態です。

人間誰でも、好きな人には幸せでいてほしいと思うものです。デモーションを感じないようにする最大の工夫は「社員を会社のファンにする」ことです。そのための特効薬ともいえるのが、Future SWOTによるグループ討議で未来のビジョンを共有することなのです。

人的情報を集めるための極意（1）
―心の縛りを解く―

ここまで、伝達すべき情報の品質が低かったり、忘れたり忙しかったり、あるいは何となく（もしくは、かなりはっきりと）やる気にならなかったりすることで、潜在的な情報が上司へと報告されずに放置される原因についてみてきました。

それでは、どのようにすれば人から人へ情報が伝わるようになるのでしょうか。

何より優先すべきことは、心のわだかまりやこだわりなど、話したいことを話さないようにしている心の縛りを解くことです。人間は本来、近くにいる人に話を聞いて欲しいのです。ところが心に何らかの縛りがあると、話したい話題を出さないことで人を近づけないようにする、という反応をしてしまうのです。

最終的に心の縛りを解くのは本人なのですが、それでもカウンセリングやファシリテーションで使われている手法を用いることで、心を開放できるように支援することが可能です。

カウンセリングで有名なロジャースは、「自己一致、無条件の肯定的配慮、共感的理解」の3条件を達成・維持できた時に、対象者に有益な変化が生じると説きました。外から働きかけて心の縛りを解くための良いヒントになるのではないかと思います。

カウンセリングでは、①傾聴、②沈黙、③うなずき、④あいづち、⑤繰り返し、⑥承認、⑦保証、⑧要約、⑨質問、⑩助言、⑪明確化、⑫解釈、⑬自己開示といった「技法」を使って3条件の達成を図るという明確な方法論が確立されています。

ファシリテーションでは、ファシリテーターは、「場を作り、つなげる」「受け止め、引き出す」スキルが求められており、特に「受け止め、引き出す」ためには、傾聴・復唱・質問・主張・非言語メッセージの解読など、カウンセリングにも通じるスキルが求められます。

これらのスキルは、学習して身につけることができれば素晴らしいのですが、傍にいる人が「そうしてあげたいと思うこと」「そう思っていることを表現すること」だけでも随分と違ってくるものです。

社員にとって会社が少しでも大事に思えるように、ネガティブな要素があるなら、何とかそれを取り除くための工夫をすべきです。

Future SWOTで会社の未来についてビジョンを共有しましょう、という問いかけは、よほど心が凝り固まっている場合を除き、このネガティブな要素を溶かす効果があります。心を解きほぐすための具体策としても、Future SWOT ワークショップは実に有効です。

人的情報を集めるための極意（2）
―皆で出し合う―

同じテーマについて話をしていても、２人だけの会話より多人数で話した方が、場が盛り上がる経験をしたことのある方は少なくないでしょう。

感じたことや自分の考えを披露するのが苦手だったり、自信がないという人が多いので、自発的に自分の感じたことや見たことを開示したがらないのです。ところが人数が多くなると、意外に自分と似た意見を持つ人がいることに安心して、いろいろな視点から意見が出てくるようになります。

視点が増えるとそれだけ多様性のあるコメントが飛び交うことになり、連想が刺激されて会話がはずみます。会話を通じて即興的に「場」が形成されると、こんどは「場」を意識したツッコミやボケが飛び交い、笑いも出て会話はさらに盛り上がります。ただ、そのまま放っておくと、話は脱線してあらぬ方向へと進んでいきかねないので、情報を集めるという目的を尊重するためには、誰かファシリテーター役を立て全体の会話が予定した方向に進むように調整する必要があります。

この「連想による刺激」が実はとても重要で、「ソウイエバ記憶」という名前も連想によって引き出される記憶を意味するものなのです。Future SWOTもグループ討議によって連想を刺激することを重視します。、経験的には4～5名くらいのグループで実施するのが最も効率的かつ効果的に連想を引き出すことができるようです。


「心の縛りを解く」「皆で話し合う」という段階は、自分でどうにかできるプロセスとは少し違い、スキルを持った外部のカウンセラーやファシリテーターに手伝ってもらったほうが、間違いなくスムースに進みます。人の心を扱う仕事なので、社内の人材がいくら勉強して取り組もうとしても、対象者とすでに一定の人間関係が築かれている場合には、それが災いして上手くいかないことも多いのです（ある程度規模が大きい企業の場合は、この問題は起きにくいようです）。

それにくらべて外部人材の場合は、対象者との人間関係が白紙の状態で臨めるため、セオリー通りの成果が得られることが多く、実際の効果を目にした経営者が「やはりプロは違いますねえ」などと感嘆の声を挙げることも少なくありません。外部人材を活用した経験のない会社は、ぜひ検討してみてください。

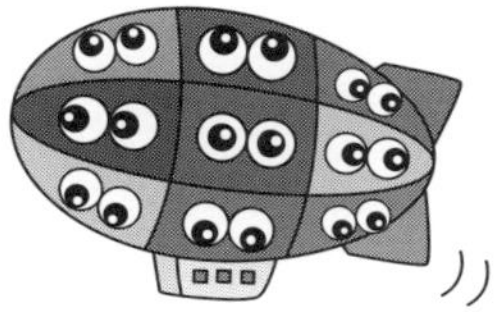

第2章で紹介したラジエンスウェア社の事例では、コンサルタントとして私がこの「外部人材」の役目を引き受けることで、それまであまり会話がなかったという異なる部署からの参加者に対して白紙状態で発言を促すことができ、スムースなコミュニケーションを進めることができました。

人的情報を集めるための極意（3）

―見える化する―

話が盛り上がるほどの人数が参加する「場」の力は、情報を引き出すという観点から見るととても強い瞬発力を持っています。話が盛り上がれば盛り上がるほど、次から次へと勢いよくアイディアが湧いて出るという経験をしたことのある方も多いでしょう。

一方、この瞬発力という、「場の勢い」は、長時間持続することが難しいという一面もあって、盛り上がった話が続くのもせいぜい15分～20分くらい、しかも「最大瞬間風速」でアイディアが出続けるのはそのうちわずか数分です。つまり、様々なアイディアが一気に吐き出されてしまうと、どれから手を付けて良いものやら途方に暮れてしまうのです。瞬発力も使い果たされており、すぐに次のエネルギーは出て来ません。それまで盛り上がっていた「場」も急に落ち着いて、「まあ、コーヒーでも飲もうか」という雰囲気になったりします。

ここで必要なことは、出て来た意見、情報、アイデアを見える化し共有することです。

活躍するのがホワイトボードや模造紙、あるいはパソコンとプロジェクターです。各人がノートと鉛筆でメモをとるよりはプロジェクターの画像など、全員が共有できるようなツールを使うのが良いでしょう。

Future SWOTでも、パソコンとプロジェクターを使って、次から次へと湧いて出るアイディアを書き留める手法を推奨しています。この方法により、アイディア・マイニングの進行をリアルタイムで見える化し、共有することができます。

これらの機材がないと実施できないという欠点はありますが、最近の職場にはプレゼン用の機器として、ごく普通に備え付けられており、私の経験では、これが障害になったことはありません。そう遠くない将来には、プロジェクターに代わるデバイスやアプリが出現して、情報共有がさらにカンタンになってくれるのではないかと期待しています。

人的情報を集めるための極意（4）
―集めた情報を使う―

企業でも団体でも、日常的に運営されている組織では、場を設け、参加者が心の縛りを解き、皆で話したことを見える化して共有すれば、情報収集はある程度の成果がでます。

しかし、それが中長期のレンジで上手く機能するかと言われると、必ずしもそうとは限りません。人数と時間をかけても、それが情報を集めることのみを目的として実施される場合は、参加者も中長期の視点での意義を見つけにくいからです。

紹介したS社の事例では、社長から「何がどれだけ儲かるようになるのかを示してほしい」という指示に基づいて実施された経緯があり、最初から将来の事業についてトップのコミットメントを前提としたアイディア出しができました。

社内の知恵を、特別の場を設けて集められるようにするには、「集めた知恵は使う」という経営者のコミットメントが必要不可欠です。たとえ全部でなくても、参加者が時間と労力を使って集めてくれた知恵を必ず経営に活かすこと、これが中長期の活用を進める上で何より大事です。

当たり前ですが、議論の結果得られた情報に後付けで対応することは、経営的に簡単ではありません。最初に「何のために情報集めをするのか」を明らかにした上で、情報の使い道までを経営がしっかりとコミットして着手するという段取りが必須です。

＊　＊　＊

ここでは考え方をご紹介するだけに止まりましたが、具体的にどのような方法で臨むのが良いのか、第４章では事例を参照しながら詳しくお伝えしていこうと思います。

まとめ

第3章では潜在情報「ソウイエバ記憶」を集め、それを上手く活用するためにはどうすれば良いかについて以下の内容をご紹介しました。

①何か手を打たないと「ソウイエバ記憶」が集まらない理由や背景について。

②「ソウイエバ記憶」を持つ社員の心の縛りを解くこと。

③複数の社員による情報の出し合いが有効であること。

④出し合った情報は「見える化」して共有すること。

⑤集めた情報を経営が事業に使うというコミットメントが重要であること。

コラム：日本的チームワークの源流

カッパビジネスから川喜多二郎先生の『チームワーク』が出版されたのは、１９６６年（昭和41年）のことだそうです。すでに絶版となって長いこの名著が説くのは、少人数集団のパフォーマンスをいかに高めるかという、実践的な知恵の数々です。ポイントとなる部分は１９６４年に先生が現代教養文庫から出版された『パーティ学』でも触れられています。文化人類学のフィールドワークや登山を通じて、先生が体験的に会得されたものを、独自の視点でまとめ直してあるのですが、当時のビジネス界でもその有効性は高く評価され、ビジネスマンたちの愛読書になったそうです。経営の世界ではその後、「小集団活動」あるいは「ＱＣサークル」「カイゼン活動」など、少人数のグループを核とした方法論が花盛りとなりましたが、私はその嚆矢となったのが川喜多先生のアイディアではなかったかと考えています。

最近ではサッカーなどでも、個の力よりはチームワークで勝負するのが日本流などと言われていますし、以前は「日本人は農耕民族だから集団行動が得意」などという、よく考えれば根拠の怪しそうな定説も、ごく当たり前に語られていたように思います。

理由や背景はどうあれ、体格や技術の差をチームの力で補うという考え方は、日本人にとって選びやすい選択肢だったということなのでしょう。私は「場の力」と呼んでいますが、2人以上の関係者によって構成され、面積的に広がりのあるスペース（これがすなわち「場」です。職「場」、現「場」、売り「場」など）が与えられた時、直接の利害関係者の間ではそこを維持・改良しようとする取り組みが自律的になされ、さらに周囲にもそれを立てよう、助けようとする取り組みが自然に発生する、そんな強さを日本人は持っているような気がしています。

「見せ場」「正念場」「土壇場」「火事場の馬鹿力」など、豊かな日本語の語彙に見られるように、歴史的にも「場」というコトバには、何か強い思いが込められているように思われてなりません。

第4章

情報を吸い上げる仕組みを事業で展開させるには

ここまで、社内に眠っている情報が、実はそのままではなかなか上に上がって来にくいものであること、それは主に忙しさや組織を構成する人と人との関係に根差した障害によるものであること、それを克服し、個人の記憶に埋没しそうになっている情報を掘り起こすためには複数の参加者による連想刺激が有効であること、そして何より情報の活用に関する経営のコミットメントが重要であることなどを紹介してきました。

本章では、再びS社の事例を参照しながら「社内で吸い上げる情報にはどのような意味や役割があるのか」「それを事業に活かすために求められる経営の対応は、どのようなものなのか」について説明したいと思います。

集めて見える化した情報にはどんな意味があるのか

初めてS社でFuture SWOT分析を実施した時には、職場の同僚と討議しただけで何が出てくるのか、参加者の誰もがそのゴールを見たことがない状態で実施したこともあって、やや雲をつかむような討議になりました。ここで私がこだわったのが「いかに経営理念を大切にするか」ということです。

参考までに、S社の経営理念を示します。

一、会社事業を通じて、社会に貢献し、社員、家族の幸せを実現する。
一、人を育成し、尊重し、活気ある職場のもと会社の成長を計る。
一、常に創造的な開発に励み、独自の技術を確立し継承する。

社内各所に額縁に入った形で掲げられており、ウェブサイトにもしっかりと示されている経営理念です。

80年間ずっと国内で安定的に事業をしてきた会社らしく、市場志向の言葉は多くありません。ましてや海外のことなど1つも書かれておらず、職場、社員、家族そして技術と、他社の例に比べてもずいぶんと内向きの経営理念です。

海外戦略につながるような社内討議を行うにはいささか弱いようにも思えたのですが、実際に討議に入ってみると「社会貢献」あるいは「会社の成長」「創造的な開発」などのフレーズがいずれもしっかりと参加者の意識に反映されており、このあたりが定点となって地に足の着いた議論を進めることができました。

第1回目の議論で出てきた方向性は図④のようなものです。

ここで整理された考え方は、とにかくまず海外事業に取り組んでみよう、という点に集約されます。しかしながら、決定的な弱点として英語のできる社員がいないことが指摘されています。まだ情報収集が行き届いていなかったこともあり、海外の同業他社や条約による各種の規制は脅威と捉えられ、日本政府や国連との協力を想定しつつも、具体的に何ができるのかについては全く深掘りされないままで終わっています。

この議論をベースに、その後S社は日本政府の支援策などを積極的に活用し、海外で知り合った英語人材なども様々活用しつつ、海外での情報収集と事業機会の模索を続けます。

図④　Ｓ社の議論とクロス表

Future SWOT　事例登録フォーム

ファシリテータ氏名（登録番号）	（001）
ワークショップ実施日	
ワークショップ参加者数	
業種・業態	金属リサイクル事業
従業員総数	およそ 200 名

現状 SWOT クロス表

		No.	強み	No.	弱み
		S1	高い国内市場シェア	W1	弱い海外での認知度
		S2	高い国内認知度	W2	乏しい海外経験
		S3	全国清掃会議役員	W3	英語が話せる社員がほとんどいない
		S4	日本工業会役員	W4	海外事業拠点がない
		S5	高い技術力	W5	海外展開の相談をする相手が近くにいない
		S6	豊富な経験値	W6	海外に比べると手数料単価が高そうである
		S7	環境省との良好な関係	W7	高い「要回収固定費」
		S8	大学・研究機関との密接な関係	W8	人員不足
No.	機会	S78/O6	役所や大学などの情報発信を活用して技術力を告知する	W3/O6	英語人材の補強（中途採用）を進める
O1	環境条約発効と適正処理ニーズの高まり			W7/O	固定費見直し
O2	環境条約関係の資金メカニズムの整備				
O3	中進国における環境対策への関心の高まり				
O4	途上国の人口増				
O5	パリ協定の前倒し発効による温暖化対策の促進				
O6	当社技術への関心の高まり				
No.	脅威	S78/T45	国際協力を通じ、役所による途上国の制度基盤づくりに協力する	W2-4/T45	外部人材の活用を進める
T1	日本の人口減少と廃棄物排出量の減少				
T2	デフレの継続			W78/T1	中長期戦略を策定し、市場の変化に対応する
T3	円高の定着				
T4	途上国では法的基盤が未整備なこと				
T5	途上国では政府の動きが遅いこと				
T6	違法処理業者の存在				
T7	途上国では市場単価が安いこと				

Future SWOT クロス表

		No.	強み	No.	弱み
		FS1	国連を経由して世界に知られるようになる	FW1	事業の一部が時代に合わないサービスになっている
		FS2	コンサルティングで広い市場を持つようになる	FW2	これまで対応していない廃棄物の取扱が弱い
		FS3	世界の処理事業者とネットワークを持っている		
		FS4	処理に関する認証制度でデファクトの標準を提供している		
No.	機会	S3/O2	国際的な回収チェーンを構築する	W2	新廃棄物に関する技術を開発するか技術導入し、顧客ニーズに対応する
FO1	石油・非鉄分野で需要が拡大する				
FO2	静脈産業に関する越境ネットワークが拡充する				
No.	脅威	S124/T4	国連など国際協力機関との関係を維持強化する	W2/T2(O)	時代に合わないビジネスを段階的に縮小する
FT1	リサイクル品の販売がほぼ禁止される				
FT2	国内の廃棄物市場が大幅に縮小する				
FT3	製法転換が完了するか、その前段階にある				
FT4	途上国の取り組みがなかなか進まない				
FT5	バーゼル規制が強化される				
FT6	途上国では小規模事業者の乱用が続く				

比較表

現在の戦略方向性

役所や大学などの情報発信を活用して技術力を告知する

英語人材の補強（中途採用）を進める
固定費見直しを進める

国際協力を通じ、役所による途上国の制度基盤づくりに協力する

外部人材の活用を進める

中長期戦略を策定し、市場の変化に対応する

将来の戦略方向性

国際的な回収チェーンを構築する

新廃棄物に関する技術を開発するか技術導入し、顧客ニーズに対応する

国連など国際協力機関との関係を維持強化する

時代に合わないビジネスを段階的に縮小する

社員の一部にも積極的に英語を学ぼうとする動きが出てくるなど、それまでは考えられなかった変化が目に見えて現れてきました。

この段階では、参加者お互いが事業の方向性について相互に理解しあったという程度の意味合いに止まっていました。それでも事業の方向性について、担当者間で共通認識を持てたことは、それまでと違ってメンバー１人ひとりに安心感を与える効果がありました。当時を振り返ってまだ40代になったばかりの営業課長が言います。

「議論を見える化するだけでも、自分たちが目指していることを共通の言葉で確認できたことが大きかったです」

模造紙いっぱいを使って表現された議論の内容は、そこに参加していた人はもちろん、参加しなかった人にも、どのような議論が行われたのか、そしてその結論が何だったのかが一目で分かるように整理されています。

社内で新しいことを始めようとする場合、特命チームにその是非を検討させるという手法はごく一般的な方法です。その結果については報告書などで共有することが可能ですが、発言内容がそのまま記載されている模造紙の資料は、言葉が精製された報告書とは一味も二味も違い、臨場感あふれるものになっています。

アナログな手法ではありますが、壁新聞的に情報を共有できる点や、結局は個人が作成するパワーポイントやエクセルの資料とは違って、いくつかの異なる筆跡は、見た人に一体感の醸成を感じさせる点など意外なメリットなのです。

デジタルで簡単に転送できない点も、見る人の注意を引く効果があり、忙しい中でＵＲＬアドレスやＰＤＦファイルのありかだけ確認してろくに中身を見ないという対応が利かないため、見るべき時にしっかりと見ておく必要があるという点も、今日的にはメリットに数えられるのかもしれません。

見える化した情報から導き出される成功のカギとは

ここで重要なことは、将来についての議論が、現在の経営理念を踏まえて行われたということです。つまり、現在の経営が考え方としては正義であるという自己肯定が大前提になっていて、営業成績が振るわなくても、世の中に対して貢献しようという考え方までダメだというわけではない。むしろその考え方を前面に押し立てて将来を考えるなら、こんな絵が描けるはずですよという提案になっているわけです。

文字にすると大したことのない話ですが、課題解決に求められるのは、壮大な革命や安易な自己否定ではなく、まずしっかりと現在の考え方を踏まえようというスタンスなのです。

思いがけない儲けが入った会社が、社内活性化のために「権限移譲」を進めたいという経営者の意向に沿って、若手社員にフリーハンドで新規事業企画をさせるといった例を耳にすることがあります。このような場合、「新規」事業であることへのこだわりが先鋭化し、従来の事業とは関連性も相乗効果も全く期待できないようなプランが提案されてしまうリスクが発生します。藪から棒に、今までと全く違うビジネスを提案されては、経営者としても判断に窮します。

S社では、国際的な回収チェーンを確立するという、これまでの技術の蓄積を活かした提案となっていたことから、社内での議論がスタートさせやすかったのです。

「できるだけ早くこの事業に目鼻を付けたいと思っています」、議論の中でもこの提案を終始リードしていた営業部若手のD氏が熱っぽい口調で語ってくれました。

従来の事業の延長線上での提案ならば、社内の経営資源でやれることとそうでないことが自ずと見えてきます。S社では、技術開発という部分について機械の分かるエンジニアが不足していることが明らかになりました。

機器の製造にかかわる部分はメーカーに委託すればよいのですが、どのような機械が欲しいかという設計の部分は、社内の要望を取りまとめてメーカーに話ができるエンジニアが必要です。

「中途採用か、あるいはシニア人材の活用など、いくつかの方法を検討してみましょう」、今回の提案を満足そうに聞いていた専務がそう約束してくれました。

「そうなると営業用のツールも作る必要がありますね」、技術部のF氏からの提案です。

新しい機械は見かけは単なる箱で、どういう仕組みで動くのか見ただけでは分かりにくいため、その原理を分かりやすく説明したパンフレットに加えて、パワーポイントのプレゼンテーションとYou tube用の動画も作成することになりました。

工場の担当者に対する経緯の説明も滞りなく行われ、社内プロジェクトが少しずつ形になっていきます。何と言っても新規事業ですから、社内的な抵抗がゼロということはありません。それでも経営理念を踏まえた提案ということで、全く畑違いの事業とは違い、社内外の協力が得やすくなっていきます。

事実、Ｓ社の場合でも社内に加えて協力会社の対応も前向きなもので、プロジェクトは着々と進められつつあります。

数字がなければ判断もない

「状況は分かりました。お話してある通り、損益見通しについての検証をよろしくお願いします」

議論の中間報告を受けたS社社長の第一声です。

新規事業は、間違いなく相当額の新規投資を伴います。S社の事例で言えば、機械エンジニアの雇用と新しい機器の設計がそれに当たります。これらへの投資をどれくらいで回収できるのか、そして収益の見通しはどのくらいになるのか、経営者としては必須の情報なのですが、提案する側としては技術的な見通しにアタマが取られてしまい、損益の確認が後手に回りがちです。

この時に重要なのが、判断基準について明快に整理しておくことです。例えば、それが投資回収期間で判断したのか、予想収益金額で判断したのか、その基準は金額そのものなのか、あるいは何かの比率なのか。判断するときの試行経路は明快でも、その後時間が経つと、たとえそれが重要な意思決定であっても意外と忘れてしまいがちなのが人間の弱点です。

新規事業に関する判断基準といった形で客観的に整理しておくのもよいでしょう。また、個別案件ごとの意思決定だったとしても、客観性が保てるように決裁の記録を残しておくことは重要です。なぜなら、投資の意思決定で出された結論は、実施段階での成功・不成功を判断する基準としても引き続き活用されることになるからです。

仕組みづくりは、体制づくり

『明日コン』では、社員の「ソウイエバ記憶」を洗い出し、経営環境を意識しつつ見える化する過程を経て、経営理念とすり合わせた戦略案を絞り出します。そのプロセスを自社内で自動的・自律的に実施できる体制づくりこそがミッションと考えます。具体的には、①社内各所で中堅・若手社員を集め同様の「ワークショップ」を実践できる人材の養成、②戦略案を社内で公式化するための会議体設置と運営、③ワークショップがもたらす連帯感・全社意識の保全と活用までを社内施策として責任をもって実施できる体制をつくることがその主眼となります。

この過程において決定的に重要なのは、首尾一貫した経営トップの意思であることを特に強調しておきます。

「ワークショップ」の実践を任された社員は、社内の戦略管理係のような立場に置かれます。これは大企業であっても、経営に直結した重要なポジションであることに疑いの余地はありません。中小企業であればなおのこと現経営陣の右腕であり、後継ぎ候補である人が指名されるケースが多くなります。そのような人材が仕切る社内会議である以上、会議規定には、『明日コン』の結果社内で自製された各種の戦略案を採否する機能、および採用後のモニタリングについて公式に審議・承認する機能を、しっかりと盛り込んでおいてください。

気をつけることは、現経営陣・幹部にとっては経験したことのないプロセスなので、規定を作り１つの事例を共有した後は、システムをあれこれいじらないことです。むろん各社各様の事情があるので、プロセスをカスタマイズしたいというニーズは生じると思いますが、可能な限り導入段階で潰すようにしてください。そうしないと、最初の事例と２番目の事例が異なる環境で実施されることになり、結果が比較しづらくなるのです。

Ｓ社の事例でも、ワークショップの品質は２回目になると大きく改善され、内容的にも深掘りされるようになりました。導入段階で可能な限り調整したら、後はしばらく経験値の蓄積に重きを置くべきです。

＊　＊　＊

社内でこのシステムを運用できるようになると、それまで拾い漏らしていた社員が持つ情報が自動的に予算と工期のついた戦略提案となって経営者の手元に上がってくるようになります。経営者は社員が積極的にこのシステムを使ってくれるように、常に経営環境を意識して適切な情報発信を心がけるとともに、誰もが納得する経営理念を常に標榜し続ける努力をすればいいのです。

第5章では、適切な情報に基づいて適切な判断ができなかったことが歴史上の様々な失敗に繋がっていることを事例を通じて検証します。

まとめ

第４章でお伝えしたことをまとめると以下のようになります。

①集めた情報を共有することは、参加者が相互にお互いの考えていることを理解するとともに、同じ経営理念の下で会社を支え合う仲間であることを再認識するプロセスである。

②見える化した情報が、経営環境を踏まえて経営理念の実現に向かう具体策になっていれば、会社としては自ずと力を結集しやすくなる。

③収益性予測や工期など、数字がないと最終判断は仰げない。

④責任を取るのは経営者。だから経営者にしっかりと説明し、判断を仰ぐ。

⑤社内の仕組づくりを上手く進めれば、情報の発掘と吸い上げは自動化できる。
⑥社内で仕組みを運用するときは、現場の事情に配慮した対応が求められる。

コラム：少しでも霧を晴らすためには

10年後の将来なんか見えるはずがないじゃないか、そう考える人は少なくないと思いますが、他方で仕事をしていると、様々な場面で「今から10年くらいしたらそうなるんじゃないかな」といったインスピレーションを感じたことはありませんか？

そういった閃きは、誰にとっても一瞬心に浮かんでは消える儚いものですが、職場全体でみれば、様々な職位にいるスタッフ全員が、様々な場面で、様々な閃きを入れ代わり立ち代わり感じているとも言えるわけです。

経理部の担当者は経理の仕事を通じて、営業部の課長はお客様とのやり取りを通じて、製造部のベテランは新しい機材のカタログを見ながら、日々の仕事の中で閃きを感じるのですが、たいていは忙しさの中で忘却していきます。

それでも心のどこかに印象として残っているものが、お酒の席で冗談噺として語られたりする場面を目撃したことが「ある」というビジネスマンは少なくないのではないでしょうか。

1.「ちらりと見えた10年後の姿」について共有することの意味とは

職場では皆が仕事を分担し合っているので、感じる閃きもその場面も異なります。また、たとえ同じものを見ても、それまでの経験値が違えば感じる閃きも違ってきて当然です。「10年後、会社がどうなっていると思うか」について感じていることを共有するというプロセスには、それぞれが感じていることの表現を通じて、それぞれの人間性を開示しあうという意味も込められています。対話を通じて人と人が深く触れ合う、Future SWOTを使うと、そのような効果が生まれるのです。

2. 10年後についてしつこく考えると何が起こるか

しかしながら、実際にやってみると閃きを共有するプロセスは簡単ではありません。なにぶん10年後の未来など、普段あまり考えないことでもあるので、思い出したり言葉にするのに苦労する場合が意外に多いのです。一度コツをつかむと簡単なのですが、初めて参加したという人の場合は、考えても何も出てこないということも少なくありません。

実は全く心配無用で、しばらく参加していると、他の人がどうやっているのかが目に入ってきて、なんとなくコツのようなものが分かってきます。やがて、自分の思いがぽつり、ぽつりと言葉になって出てきます。そうしたらしめたもの。つたない表現でも全く構わないので、感じたままをコトバにしてみましょう。

3. Future SWOTで共有できる未来予想図

Future SWOTでは実際のところ、参加者から少なくても50～60件のコメントが出てくるわけですが、大まかに言って8割はあまり役に立たない情報だったりします。それでも2割ほどはまずまず議論に耐えるレベルのコメントで、中にほんの少しだけキラリと光るコメントが入っているというのが普通だと思います。１つのセッションで1件か2件くらいではないかと思うのですが、それが未来予想図の軸になります。そこまでたどり着ければもう大丈夫。あとは参加者全員で肉付けをして、それに基づいたSWOT分析をすればいいのです。

第5章

歴史上の大失敗と情報の関係

第4章では、情報を吸い上げる仕組みを社内で展開するためのポイントを、事例と絡めて説明しました。第5章では、吸い上げた情報の取り扱いがどれほど重要か、そのための体制づくりに失敗したり、受け取る側の責任を軽んじたりしたことによって発生した取り返しのつかない歴史的な失敗事例を通して、受け取る側の準備と情報の取り扱いの重要性について解説します。

せっかくアイディア・マイニングを導入して社内に眠る知見や情報を吸い上げる仕組みができたとしても、受けた情報を活かせないようでは意味がありません。

過去の歴史においても、溢れるほどの有用な情報を受け取りながら、受け取る側の体制ができていなかったり、情報の価値を判断するための拠り所があやふや・曖昧だったり、幹部に同床異夢の状態が続いていたりして、せっかくの情報が上手く活かせなかったという事例を、私たちの社会はこれでもかというほど経験しています。

残念ながら、それらのうち少なからぬ数の事例は社会的に共有されることなく葬り去られているのですが、中には有意の識者や賢人の篤志によって後世に伝えられたものもあります。本章では、それらの事例を通覧することによって、アイディア・マイニングの効果を活かせるよう、情報の受け手のためにエピソード形式にまとめてあります。

文中に紹介してある参考文献も参照しつつ、他山の石としていただければと思います。

パソコン開発の歴史に語られる情報価値の読み間違い

今でこそ、ウィンドウズパソコンでもマックでも、コンピュータにマウスポインタは必須の機能ですが、その黎明期にゼロックス社の技術者がＧＵＩを開発したころ、同社にその技術が持つ価値を認めた経営陣はいなかったという有名な話があります。

あるいは、携帯電話の世界でも先駆的にインターネットを活用したのはＮＴＴドコモのｉモードでしたが、その技術が持つ価値を十分に評価できなかった同社あるいは日本の携帯電話は、スマホの発達に対してガラパゴス化と揶揄される方向にしか進めませんでした。

これらの事例が語る情報の価値とはどのようなものなのか。ゼロックスでもＮＴＴドコモでも、どのような開発が行われてどのような製品が作られたのか、社内で十二分な情報共有はなされていたのだろうとは思います。そうでなければｉモードの成功はなかったでしょうし、ゼロックスのＳｔａｒというネットワークが商品化されることもなかったはずです。

余談ですが、私はかつてゼロックス社のStarシステムのユーザーだったことがあり、その高度な基本設計には感心させられたことを強く記憶しています。ただ、正直に言うとマウスの反応度が鈍かったり、ポインタの遊びが大きいなど、同時期に売られていたアップル社のマッキントッシュのほうが使いやすかったことも覚えています。

それにしてもなぜ、GUI技術を活用した成功がゼロックスでなくアップルやマイクロソフトのものになり、インターネットを利用した携帯電話システムでガラケーがスマホに負けたのか？

後付けの分析と言われればそれまでかもしれませんが、その時、市場が何を志向し競合がどのような戦略をとろうとしているのか、見えていないものを評価しない（NTTドコモやゼロックスの対応）と、見えていないものでも積極的に評価する（アップルやマイクロソフトの対応）との違いによるものだというのが、私の結論です。

社内の情報を吸い上げ、それが自社の経営理念に適合することを確認したら、後は経営として意思決定をするのみというのではなく、顕在化していないものまで社外の情報をどう捉え分析し、意思決定に反映するかが重要なのです。

最終判断に至る前に将来についての意見をも取り込むだけの度量と機転があったなら、ゼロックス社の戦略も、ｉモードの将来も、ずいぶんと変わったものになっていたのかもしれません（彼らにこそ、Future SWOTをやってほしかったと思ってしまうのは、開発者の欲目でしょうか…）。

特に技術情報は、社内の情報だけを絶対値で評価すると往々にして読み間違うことが起きることを、これらの事例は雄弁に物語ってくれています。社内外の情報に幅広く目を配り、将来を見通した広い視点で全体像を捉えることが肝要なのです。

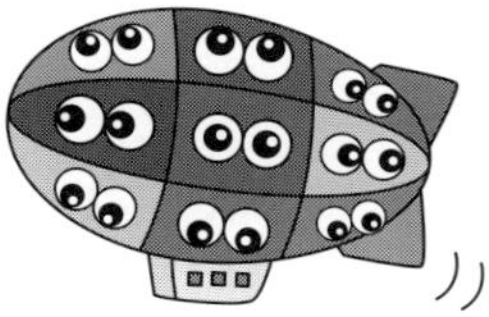

かくしてスペースワールドは失敗した

２０１７年末のこと、北九州市・八幡東区で25年にわたって市民に親しまれてきたテーマパーク「スペースワールド」がその歴史に幕を閉じました。私は開業当時の事業主体だった新日鐵（当時）に勤めていた時代に、スペースワールド建設プロジェクトに約３年の間直接携わったことがあり、閉園については大変感慨深いものがありました。もう時効だろうと思うので、今回はその失敗の理由について、お話できる範囲で開示したいと思います。

まずは内部的な話から言うと、事業の企画段階から様々な関係者の間で同床異夢の状態が続き、事業の方向性が統一的に決まらなかったことが挙げられます。

社内的には、産業構造の転換と合理化に伴う雇用の受け皿としての新規事業という位置づけであった一方で、社外の関係者を数多く巻き込み、テーマパーク建設のブームに乗った強烈なパブリシティを打ったことにより、東京ディズニーランド（当時）に続くテーマパークとしての成功が宿命づけられてしまった点がありました。

加えて外から見ても明らかな疑問点がいくつかありました。1つはその立地で、すぐ隣に製鐵所の錆びた設備が見える場所、八幡製鐵所創業当時のモニュメントである高炉が聳え立つ場所に、なぜ宇宙のテーマパークなのか？

次にパークのデザインをいくつかの専門家集団に分割して発注したこと。パークとパビリオンの演出には微妙なズレがあり、パークのメインキャラクターと各パビリオンのキャラクターが一堂に会する演出がほどこされた初期のステージショーは、寄せ集め感満載のものになっていました（ディズニーはパレードなどですべてのキャラクターを勢ぞろいさせますが、着ぐるみのデザインなど演出的な統一感を大事にしています）。

さらにパークのコンセプトにも最後まで曖昧さが残り、開園当初は、来園者に「なにか1つのこと」をメッセージとして伝えるまでには至りませんでした。

ここで時計を大きく戻してみようと思います。

平成元年、大手町の新日鐵本社では、それまで100年の歴史で同社とは全く関わり合いがなかったであろうクリエイティブ系の訪問者が頻繁に訪れる姿が目撃されていました。新規事業のネタとして同社が米国アラバマ州ハンツビルにあるスペースキャンプ財団から取り付けたスペースキャンプを日本でどのように事業展開するか検討するために、様々な方面の「専門家」が招集されたのでした。検討の結果、スペースキャンプ単体では事業規模が小さく同社が目指す新規事業としては不十分なこと、東京ディズニーランドの成功によりテーマパークへの期待が高まっており、製鐵所の跡地活用としても地域経済の振興策としても期待できる規模であることから、スペースキャンプを核としたテーマパークを企画する方向へと進むことになりました。

今から考えればこの段階で「何を目的にするのか」について微妙に曖昧さが残ったことが最後まで影響したように思えます。

具体的には、土地活用さえできればいいのか、雇用創出面で受け皿ができればいいのか、テーマパークとして一級品と呼べる品質を追求するのかなどの点について、必ずしも社内の意思統一が十分だったとは言えないところがありました。

建設工事に入ってからも、どこか曖昧さが残る展開は整理されずに残り、クリエイティブの面でも専門家が途中で交代したり、何人もの専門家が1つの事案に関わるなど、「船頭多くして船、山に登る」状態が続きました。

内部にいて、最も居心地が悪かったのが新しく設立された運営会社と建設工事プロジェクトチームの関係で、短い工期を理由に、運営会社は何を作るのかについてプロジェクトチームに任せ、運営側は原則意見を言わないという整理がなされてしまったのです。いわば「内部のカベ」ですが、サービスの中身を突き詰めることよりもパークの完成に向けて時間効率を優先したこの方針が仇となりました。本来であれば、運営会社からも希望やアイディアをしっかりと受け取り、それを実際の演出にどれだけ反映できるかがポイントになるはずでした。

公式の記録には一切残されていないと思いますが、運営会社の1期生として入社した若手諸君や、運営の最前線でゲスト対応にあたっていた準社員諸君が感じたデモーション（第3章参照）は、みずみずしい情報を演出に反映させるチャンスを損なうことにつながったと思っています。

結果としてスペースワールドは、その短すぎる工期にもかかわらず予定通り平成2年4月に開業したのですが、開業当時は不慣れからくる様々なトラブルに見舞われました。演出的にもつまらない部分や足りない要素があるということで、開業後も2期工事が継続的に行われ施設の増強が図られました。しかしながら、2期工事でも思うような結果は出ず、苦しい営業状況が抜本的に改善されることはありませんでした。

開園当初は東京にもオフィスを構え、全国の旅行代理店などをターゲットに精力的な営業を展開していた運営会社も、その後の不振から次第に事業規模を縮小していきました。

２００５年には負債総額３５０億円を新日鐵住金が清算する形で、経営は経験豊かな加森観光に株式100％引き継がれ、以後、閉園までの期間を加森観光が引き受けることとなりました。

この間、運営会社が目指したものは何だったのか。明示的な総括が行われ、株主や地元を含めた関係者の納得が得られたという話はついに聞けませんでした。熱く語られる哲学に心底ほれ込んだというコアなファン層を形作るまでには至らないまでも、閉園後の正門には名残を惜しむファンからの落書きが絶えないという、大変残念な終わり方になってしまいました。

ビジネス的には、成功とは程遠いものでした。巷間言われている数字では380億円投資して、累損が350億円ですから、発生したコストをカバーしたうえで回収に貢献できたのは、開業から加森観光へ引き渡されるまでの13年間でわずか30億円程度ということになります。自社による建設から経営、そして加森観光へと、バトンパスは一見つながったように見えますが、本当のところはどうだったのか。

閉園後、跡地の活用については商業施設への転換が噂されています。近年周辺の再開発も進み、近くにある大型ショッピングモールの集客力はなかなかのものです。北九州市にとっては歴史の一コマになってしまったスペースワールドですが、建設工事から閉園までの間、その目的や哲学について関係者の間で徹底的な議論と合意が確認されることがなかったことが情報の活用機会を損なう大きな原因になっていったというのが、私の解釈です。

以下は全くタラレバの話なのですが、この事業を成功させるためのアプローチは、実は真逆だったのではないかという気がしています。遊休地の土地活用あるいは合理化に伴う雇用創出などのマクロ経済的な課題がまず存在していて、それに対する答えとしてのテーマパークという順序で出来上がってきた計画だったのですが、このプロセスによって課題の優先順位が規定されてしまったことが、後々まで尾を引いたような気がします。

すなわち、エンターテインメントを考える上で最も重要な、お客様に喜んでいただく哲学についての考察が不十分で、最初から制約ありきでスタートせざるを得なかったということです。

本来期待されるべきは、テーマパークへの熱い思いがあって、それを実現させるためには何をどうすればいいのかという文脈に、計画全体を書き直すことだったのです。事業の要ともいえるこの部分がしっかりしていれば、下から上がってくる情報やアイディアをもっと活用できたのではないか、そうすることで最終的には収益性も改善できたのではないかと思えるのです。

逆に、土地活用案件というのであれば、明快にその基準を示すことで「せっかく投資したのだから」という思いに縛られて、27年間も収益を望めない投資を固定することにはなかったのではないでしょうか。

まさに経営理念に当たる部分が明確でなかった事例でした。経営理念が曖昧では、たとえFuture SWOTのようなツールを駆使して情報を上げたとしても、意思決定にブレが出るため提案が実現しないというネガティブな結果につながったでしょう。

溢れるほどたくさんの情報をもらいながら、それらを受け止めきれずにパークを閉じざるを得なかった27年間の歴史は、下から上がってくる情報や提案を経営としてどう受け止めることができるのかを問う意味で、次に述べる旧日本軍の失敗にも匹敵する大変貴重かつ重要な事例だと思っています。

旧日本軍の失敗

第2次大戦とその前夜、日本軍が犯した数々の失敗は1991年の刊行以来、長く各界で読み継がれている名著、『失敗の本質』（中公文庫）でも多面的に取り上げられていますが、現場において得られる決定的な情報が見事なまでに軽視されたという意味でも注目に値します。

日常的な企業経営の現場では起こるはずのない、規模も影響も大きな失敗につながった事例ですが、「起こるはずがない」から無視するのではなく、「それほどまでの失敗がなぜ起きたのか」「情報はなぜ無視されたのか」を検証することは企業経営にとっても重要な視点です。

ここではいくつかの参考書を紐解きながら、事例を検証してみたいと思います。

●その1：戦略の基本設計における妥協

長く海上自衛隊で幹部を務められた堂下哲郎さんの『作戦司令部の意思決定』にも詳述されていますが、昭和17年のミッドウェー沖海戦に臨む旧日本海軍では、3つの作戦目標を併せ持つという禁忌を犯していたのだそうです。

すなわち、①日本が空襲されないようにミッドウェー島を占領する、②敵に制海権を渡さないよう機動部隊戦力をせん滅する、加えて③北方からの脅威を排除し、作戦①および②について牽制するため、アリューシャン列島を攻撃するという3点です。

なぜこのような禁忌を犯すような作戦が決まったかというと、堂下さんの読み解きは緒戦勝利による「慢心」によるものでしたが、『失敗の本質』によると、長らくアメリカを仮想敵国とし、太平洋で戦うには漸減邀撃（迎え撃つことで少しずつ敵の戦力を消耗させる）を命題としてきた日本海軍にとって、連合艦隊・山本司令長官が主張する奇襲攻撃は哲学的に相容れないものだったのではないかとされています。両者の議論が収斂しない中で、最終的に妥協案として、複数の目的を包含した作戦が決定されたと理解するのが正しいのかもしれません。

この時期、アメリカ海軍は太平洋と大西洋の２正面作戦を余儀なくされており、太平洋は真珠湾攻撃を制した日本海軍が攻勢でした。次の戦いをどこで行うか決定するのは攻勢に出ている日本軍でした。そこでアリューシャン列島とミッドウェー島の２ヶ所を攻撃対象とした日本軍は、陸上攻撃用の爆弾と艦船攻撃用の魚雷を両方とも搭載した連合艦隊の主力部隊をミッドウェーに送り出しました。

ちなみに、アリューシャン列島方面では一時日本軍がアメリカ領を占領したのですが、結局昭和18年になってアッツ島では守備隊が玉砕し、キスカ島からは兵力を奇跡的に撤収することに成功したものの、島は放棄しています。

さて、現場はどのような情報を優先して報告すればいいのでしょうか？　攻撃目標も定まっているような、そうでないような状況で、現場の判断に多くが委ねられたのだと思います。

アメリカ軍は、守勢の中で日本軍の暗号解読に成功し、開戦前には日本側の動きを相当程度正しく認識していたのだそうです。そうだとすると物量に劣る日本海軍を叩くには機動部隊を壊滅させるのが最も効果的であると考えるのは、極めて妥当なことだと思われます。事実、アメリカ軍内で徹底されたのは日本の空母のみを狙うこと、他の艦船は攻撃対象とすらしないことだったそうです。

目標が2つ（ミッドウェー島の占領と敵機動部隊の殲滅）だった日本の連合艦隊と、目的を絞りに絞ったアメリカと、対決の前からすでに異なる勝利条件で競争する羽目になっていたことが覗えます。

その後、運も左右するような展開になった結果、日本海軍は虎の子の正規空母4隻を失い、その後の戦いを一気に不利な状態で戦わなければならなくなったのでした。

●その2：サンクコストに絡めとられた上層部

菊澤研宗さんの『組織の不条理』に、ガダルカナル島の戦いで、近代的な装備のアメリカ軍に対して、何度も夜襲による白兵戦を挑み続け、結局大きな被害を被った旧日本軍（陸軍）について、なぜそんなことをしたのかという詳しい考察があります。菊澤さんによれば、上層部がそれまでかけてきた時間とコストに見合う成果を挙げる前に、白兵戦という戦法を棄却する意思決定ができなかったからであるということなのですが、これも現場の情報をきちんと把握できていれば随分と異なった意思決定があり得ただろうと思われます。菊澤さんの読み解きが正しいなら、前線からの情報は無視されるかそれに等しい扱いを受けていたはずで、そのような扱いを受けた前線部隊の士気低下（でなければ上層部への精神的反逆）は推して知るべしと思います。

このような考え方は、経済学では「取引コスト理論」と言って、今までのやり方を改めるためにかかるコストや様々な負担のことを表します。また、顕在化するコスト以外にも従来のやり方を棄却することにより生じる伝統の否定や、組織内の信頼関係崩壊なども含めて考えられるべきなので、表層的に認識できる取引コスト以上の負担が求められることを理解しなくてはなりません。

そのようなリスクを取るくらいなら、慣れ親しんだ白兵戦に「賭け」、もしかしたら得られるかもしれない勝利を目指した方がよいという意思決定は、経済学的に言うと「合理的な」ものであったということができるのだそうです。

この事例から学ぶべきは、現代の経営についても同様の難題が発生し得るということです。経営者の思考が重すぎる取引コストに囚われている間は、部下から上がってくる情報の数々を受けとめられず、「情報の吸い上げ」は、そもそもできない状態です。今までは聞けた下からの情報が耳に入りづらくなったと思ったら、我と我が身を振り返ることが何より重要です。

●その3：情報は上がっていたのに

あまりにも有名なインパール作戦が次の題材です。ここでもやはり菊澤研宗さんの著書を参照します。

昭和18年2月、日本が占領していた当時のビルマへ、インド側からイギリス軍が山脈を超えて攻め入ります。日本側もそれまで同じように山を越えてインドへ侵攻できないか検討していたところ、様々な病気がはびこる熱帯の山岳地帯を越える大規模行軍は無謀との結論が出ていたのですが、責任者となった牟田口中将の暴走により作戦が開始されたこと、それに対して止めるべき立場にいた河辺中将が、牟田口中将との長年の付き合いなどに棹差され、明快な中止命令を出せなかったことなどがその背景として指摘されています。同書によると、牟田口中将は日中戦争の開戦に個人的な責任を感じており、「この戦争は自分が始めた責任があるので、自分の手で決着をつけたい」と考えていたことが指摘されています。また『失敗の本質』によると、当時良いニュースを欲していた総理大臣の東条英機もインパール作戦の実施に前向きだったとの指摘もあります。

誰もが無理と指摘した作戦がなぜ実施され、多くの将兵が命を落とすことになったのか。

ここで指摘されるのが経済学で言う「プリンシパル・エージェンシー理論」で、取引関係では客に相当する発注者の「プリンシパル」と、その実施を受注する「エージェント」に分けることで問題の分析を進めようというものです。エージェントはプリンシパルに代わって実際に現場で仕事を代行するので、プリンシパルより現場のことをよく知っています（情報の非対称性）。ところが物事を決めるのはプリンシパルなので、エージェントとしてはその決定がとても気になります。仮に間違った決定がなされるような場合、エージェントが取りがちな行動として、疑心暗鬼に起因する面従腹背（いわゆるモラルハザードと呼ばれる）や精神的な戦線離脱（これをアドバースセレクションという）など、士気の低下に由来する様々な反応が発生します。

インパール作戦の場合、悪しきエージェントの提案にプリンシパルたる大本営や河辺中将がコミットしたことが、良きエージェントたり得たその他の関係者の間に疑心暗鬼や士気の隙間を招いたことは想像に難くありません。結果として、誰も本気でこの作戦を止めようとしない状況が生まれ、その結果、数多くの日本人将兵が犠牲になったのです。

この事例から学べることがあるとすれば、まず意思決定の持つ重みが挙げられます。経営者にとっては日常的なことかもしれませんが、エージェントたる社員からすると自らの命運を左右するものであるかもしれないのです。同時にエージェントたる社員は前線の事情について経営者より詳しいため、意思決定の内容と自らの現場認識に齟齬があれば、当然のように士気の低下や不平不満につながる反応を示すと思われます。自らの意思決定について信頼できる部下がどのような反応を示すのか、この点を注視することで経営者は(現場から見て)間違った意思決定を避け得るのではないでしょうか。

サンクコストに絡めとられることなく、またエージェントの持つ情報をフルに活用するためにも、社員が持っているアイディアや日常の業務で見たことを、できるだけ吸い上げて経営判断に活かすというスタンスこそが経営者に求められるものであることを、これらの事例は雄弁に物語ってくれています。

●対比：アメリカ軍はどう情報に対峙しているか

堂下哲郎さんの「作戦司令部の意思決定」によると、1934年にアメリカ海軍が定めた「健全なる軍事判断」によると、収集した情報に基づいて検討した行動方針案は、①作戦目的と適合しているか？　②実行は可能か？　③生じ得る結果は受容できるか？　という3つの観点から客観的に評価して決定することになっているのだそうです。

さらに、戦争を始める前に終わった後のことを考える「エンドステート」を作成することや敵軍の役割を果たす「レッドチーム」の採用とそれを相手にした机上演習である「ウォーゲーム」の実施など、不確実性を極力排除するための科学的な取り組みがこれでもかというほど取り入れられています。そして全軍共通の意思決定プロセスとして「統合ドクトリン」という手法が明示化されていて、戦争に関わる意思決定がどのようなプロセスを経てなされるべきなのか、またなされたのかが一目瞭然に分かるようになっています（詳しくは堂下さんの著書をご参照ください）。

この本にはその他にも様々な組織知についての情報がちりばめられていますが、この一節を読んだだけでも、旧日本軍の失敗は相当程度防げる可能性があったという気がしてきませんか？

米軍のアプローチに比べて、旧日本軍のそれは①非常に属人性が高いこと、②意思決定のプロセスが可視化されておらず、誰が何をどう決めたのか、それは何故なのかが今一つ分かりにくいこと、③意思決定プロセスに個人的な感情などが入り込み、公私混同による判断のブレがあったのではないかと懸念されることなどの点が、明らかな違いとして目につきます。

でもこれは、現代の中小企業における意思決定プロセスに酷似しているという指摘があるかもしれません。筆者もそれを否定しませんが、であればなおのこと、中小企業の経営者たるものは自らの意思決定プロセスが内包するリスクを理解した上で、日々の意思決定に当たらなくてはならないのです。

戦略の基本設計について生じた曖昧さをそのまま引きずり、複数の異なる目標を追いかけてしまうこと、重すぎる取引コストの幻に囚われ、大胆な意思決定ができなくなること、プリンシパルとエージェントの間で意思疎通に溝ができ、その結果としてエージェントの士気に隙間が生じることなど、たとえ下からの情報が十分に届いていたとしても意思決定レベルで失敗を引き起こす原因になります。部下から上がってきた情報を十分に活かすためにも、まずは経営者としてしっかりとした意思決定の基盤作りをしておくことが大切です。そしてそれは何より、魂の入った経営理念の可視化によってこそなされることなのです。

知価社会：オープンイノベーションの柔軟性

情報があってもそれを上手く捌けないと、経営がリスクを負うことになるという話を様々な角度から見てきました。

失敗を防ぐために失敗の事例を学ぼうとすると、どうしてもその背景や理由を突き詰めざるを得ないので、話の時間軸が後ろ向きになることが多くなります。

前向きな話を付け加えると、現代社会は恐ろしいスピードで知恵に価値を見出す社会への転換が進みつつあるということがあります。技術はモジュール化・公知化・ソフト化する一方で、付加価値の多くはハードウェア以外の部分から生み出される仕組みに変化しつつあります。

そういった変化の方向性に対応するだけの知見や情報が、内製に頼るだけで間に合った時代はもはや過去のことになってしまいました。これからは、社外にある知恵と社内の知恵を組み合わせて、そこに競争優位を見出す仕掛けを作ったものが市場を支配できるようになると、私は見ています。

それをオープン・イノベーションと呼ぶのはカンタンなのですが、そもそもが社外の知恵ですから、どうやってそれを不安なく社内の知恵と組み合わせられるのか、あるいは契約や商圏などの制約条件をどうやってクリアするのかなど、課題は少なくないのです。

かつてのように、外注化によるコストダウンというような発想は通用しなくなるでしょう。むしろ内製するよりコストは高くつくことすらあると考えた方が現実的です。

様々な知恵を組み合わせることによる応用の可能性をメリットにできるようなアプローチを考えることです。公文式で有名な公文教育研究会は、実は隠れたグローバル企業で、世界40ヶ国以上におなじみの公文式による教育サービスを展開しています。社内の知見である教え方や教材に、各国のフランチャイジーが持っている地元のネットワークを積極的に組み合わせることで、どこの国でも展開できるような仕組みをつくり上げています。常に教材の質を高め、学びやすさを追求する努力を続けることで、競合他社に対する差別性を保ち続けています。

公文は1つの例にすぎませんが、内製化が難しい海外展開の、まさにコアとなる部分(現地でのオペレーション)をオープンイノベーションに託すことができれば、海外展開に活路を見いだせそうな会社が、まだ日本にはたくさんあるのです。

社員任せの失敗をしないためには

コンサルタントをしていると、時にウソのような失敗談を耳にすることがあります。

第４章でも触れたとおり、若手社員のモチベーションを上げるためという能書きで、新規事業案を若手に考えさせた会社があるのですが、自社の事業とは全く関係ない提案ばかりで、当初は創業支援を約束していた社長も収拾がつかなくなったという笑えない事例がありました。

このような失敗を防ぐためにも、経営理念の徹底が有効です。そもそも新規事業であっても会社の貴重な経営資源をつぎ込んで始める事業ですから、会社の理念に合わないことはすべきではないのです。

それでは、いかにして経営理念を社員に浸透させればいいのでしょうか？　具体策は様々ある中で、いかなる場合にも共通する考え方があります。

人間は他人の考え方に初めて接したとき、まずはそれを「理解」しようとします。理解できて自分もその考えに従って動こうとする状態は「納得」した段階に当たります。そこから一歩進んで経営理念に対する「共感」を持ち続けるようになると、ある程度の仕事を任せられる段階にあると言えるでしょう。さらに一歩進んで自らの言葉で経営理念の表すものを語れるようになる、すなわち経営理念に対して「共鳴」しているレベルに達すると、かなりの権限を委譲しても収拾がつかなくなるようなことは起きなくなります。

新しい事業を社員に任せるなら、この段階に到達するまで経営理念の周知と啓蒙を進めることが肝要です。

＊　＊　＊

第6章では、この先5年、10年と繁栄していくための社内コミュニケーションに関する仕組みづくりのポイントをお伝えします。

まとめ

第5章でお伝えしたのは、下からの情報を受け取るための体制づくりについて、経営トップが歴史上有名な事例から学べる貴重な知見の数々でした。まとめると以下のようになります。

①価値ある情報でも受け手の捉え方によって価値が活かされない場合がある。

③理念や哲学の重要性。

④複数の目的を並立させてはいけない。

⑤取引コスト理論やエージェンシー理論など、妥当な意思決定を阻害する現象に注意する。

⑥将来的にオープンイノベーションへの期待は大きい。

コラム：パラダイムは変化する

どんなビジネスでも、それを取り巻く環境は時間とともに必ず変化します。変化の幅が吸収可能な程度に小さかったり、ビジネスそのものが変化に対応する柔軟性を持っていたりすると変化を難なく乗り越え、最終的に100年あるいはそれ以上続く老舗として繁栄する例ももちろんありますが、多くの会社は変化の幅が大きい、スピードが速い、革命的な技術革新によって不連続な変化が起きるなど、困難な場面に遭遇することを余儀なくされています。そうなると、ビジネスに対する取り組み方を根本的に改めるくらいの仕切り直しをしないと、それまで続けてきた同じ対処法では生き残ることすら難しい状況に陥ることになります。

日本では、廃棄物のリサイクルやリユースに対する理解が進んできていて、例えばリース品として期限が切れたパソコンは、一度に大量の入れ替えを行った後でリユース事業者が引き取り、データの消去やOSのアップグレードなどを行った後、安価に市場へ再流通させたり、再度リース品として活用されたりしています。業界では、いったいいつまで今のような形の「パソコン」が今のようなボリュームで使われ続けるのだろうか？　という事業性についての厳しい質問が存在しています。何か破壊的なイノベーションが行われることで、パソコンという商材そのものがぐっと少なくなる、あるいはその多くが市場から姿を消してしまうような場合もあり得るとすら想定されています。もしも変化が予期されるような市場環境があるとすれば、予めそれを予測して対応方法を検討しておくことで、全く何もしなかった場合に比べれば対応速度はずいぶんと違ってきます。

本書ではビジネスの枠組み（パラダイム）は変化するのが当たり前であるという考え方をします。

1．変化は予兆として、様々なところで観察される

パラダイムの変化は、ある日突然に発生するものではありません。日常業務の、多くは末端や前線で、何か小さな予兆のようなものが少しずつ観察されはじめます。それが一体何なのか、様々な見方があると思いますが、それは接客時に顧客が見せる何気ない表情の変化であったり、それまで円滑に処理されていた申請書類が滞るようになるなど、無視されやすい、あるいは普通であれば担当者すら気づかずにやり過ごしてしまうような取るに足らないものから始まるのです。それまで定期的に大量のパソ

コンをリースで回していたクライアントが、使用するパソコンの台数見直しに着手したというような情報は、同業他社にも同じような変化が発生する可能性が高いという重要な情報です。果たしてそれが短期的な変化で終わるのか、あるいはそうでないのか。AI（人工知能）を活用したオペレータのロボット化による人員削減を反映したものだとすれば、それはパラダイムの大きな変化につながる可能性を持った重要な話です。そういった情報を風通しよく共有できるかどうかに企業の生き残りがかかるということが、ごく普通に発生するということです。

2. 目撃者は中枢にいるとばかりは限らない

市場の変化を最も敏感に感じられるのは、売り場そのものでしょう。それは本店のごく中枢に近いところかもしれませんし、あるいは少し離れた支店だったり、地方の代理店あたりで目撃されることだってあり得るでしょう。情報を積極的に掬い上げるためには、広く情報をくみ上げる努力も必要なのです。

3. 家政婦は見た！

という人気ドラマがありましたが、顧客が示す小さな変化にいち早く気づくのは、単刀直入に営業トークから始める直接の担当者ではなく、お茶出しなどのタイミングで客観的に顧客を観察できる女子社員かもしれません。競合他社が準備している新商品についての情報が、営業マンがクライアントから仕入れる情報を分析することで浮かび上がるかもしれません。顧客の悩み事に対する効果的な提案ができる技術を開発部隊が握っている場合もあるかもしれないのです。会社の未来について検討するのですから、なるべく多角的な視点を取り入れた上で、様々な目撃情報を十分に活かせる体制を組むことが重要です。

第6章

社内波及と長期繁栄のための体制づくり

ここまで、社員の下意識に眠る有用な情報を集めて見える化し、それを経営に活用するためのポイントを事例を交えて解説してきました。これを踏まえて社内に提案のための仕組みづくりを進めることで、せっかくの情報を見逃すことがなくなり、社員の仲間意識も格段に高まります。やがては社内で経営のための情報捜索が自動的に進むようになり、社内各所に眠っていた業績向上のための提案が、自動的に経営者のところへ届くようになります。

「あと10年したら、僕はいなくなってるんですからね」

ラジエンスウェア社の社長は常日頃、社員たちにそう語りかけているそうです。同社も取り組みを始めたばかりということもあって、提案のための仕組みづくりがそのまま事業承継対策になるとまでは言えないのですが、それでも「みんなで一緒に先々の事を考える」文化として根付いてくれたなら、来るべき事業承継のプロセスもずいぶんと楽になるのではないか、私はそのように同社のありようを観察しています。

経営者にとって、会社の「ありたい姿」とは

そう問われたときの答えといえば、まずは利益を上げること。１００人の経営者に聞いたら、１００人が同じ答えをするかもしれない、経営者にとって当たり前の話です。でも、果たしてそれだけかと問われると、いやそれだけではないというコトバも返ってきそうです。

このところ、夏になると日本は必ず大きな災害を経験しています。台風や大雨などに加えて、地震も各地で大きな被害をもたらしています。そんな中で、半ば不可抗力によって経営が危機に追い込まれる企業も数多く出ています。

テレビなどでそんな事例を見ると、危機のさなかは、何とか仕事を再開したいというコメントが多く聞かれますが、やがて復旧・復興の段階にくると、事業を通じた社会への貢献を口にする経営者が目立つようになります。

これは何も、そういう会社ばかりを選んで放送しているわけではなく、日本社会のごく一般的な姿、すなわち企業は社会貢献をその存在価値として生きているのだろうと感じさ

せられる場面です。事業を通して顧客にも従業員にも喜んでもらい、社会に便益を提供する。その見返りとして利益をきちんといただく。多くの経営者にとって、詰まるところそれが会社のありたい姿なのではないでしょうか。これは災害の場合だけでなく、日常の操業についても同じことが言えます。日々の業務を通じて社会の様々な課題を解決すること、そのための努力を続けることが企業にとって優先順位の高い事項だということです。さらに課題を解決することで得られる従業員満足は、顧客満足と併せて企業が生きていくためのエネルギーになります。

一方で、企業によって課題の種類や性質は千差万別です。何より「これが正解だ」という明快な答えは存在しないことのほうが多いので、経営者と社員の間に理解の溝が生まれたりします。社員はここまですべきだと考えているのに、経営者にとってそれは資源の無駄遣いに見えてしまい温度差が出てくるケースが、日常的に発生する経営者と社員のギャップです。

これを解決せずにそのまま放置すると、社員のモラールダウンや中途退職につながります。そんな時に、社員と経営者が同等の立場で拠り所にできるのが明文化された経営理念なのです。私は経営理念の文章は、「生かされるべき会社であるための宣言文」であるべきだと考えています。

ラジエンスウェア社では、今回私がうかがうまで、社長と社員の間で明文化された形で共有された経営理念はありませんでした。それではいけないということで、社長に納得していただき、日頃社員に対して話していることを改めて文章にしてもらったものが次の一文です。

私たちは、最新の情報技術と人間の優れた能力の調和を図り、お客様に安心とぬくもりの充実を提供するＩＴアナログ集団を目指します。

一見すると、ごく定性的なことしか言っていない文章ではありますが、ＩＴ企業にしては珍しく「ぬくもり」とか「アナログ」といった言葉が使われています。このあたりが社長ならではの表現で、ラジエンスウェア社の特性を表したものになっています。ただ、一体どこまでを仕事の範囲とするのかなど、考え方に食い違いが出たときの拠り所としては、正直言ってやや物足りないところもあるのですが。

ラジエンスウェア社では年頭の集まりで、この経営理念に関する社長講話があり、それ以外でも折に触れて社長から社員に対するメッセージに、この文章が引用されているそうです。

経営理念が本当に表すものとは

127ページに掲載したS社の経営理念を見てください。謳われているのが会社事業、社会、そして社員と家族です。ここで言う会社事業には顧客との取引が含まれますので、その意味では、いわゆる「三方よし」の考え方に近い理念が表されています。

「三方よし」とは江戸時代の近江商人がモットーとした「売り手よし」「買い手よし」「世間よし」という考え方です。S社の場合は会社事業として「売り手」「買い手」を、「世間よし」につながる考え方として社会、社員そして家族に注目しているのです。先進的と言えるのは、社員に加えて家族まで対象にしていることです。

保守的ではないかと思われるかもしれませんが、働き方改革やワークライフバランスの考え方を具体的な目標（社員と家族の幸せ）として織り込んだという意味で先進的であると申し上げています。

実際、S社の工場では正社員の有給休暇取得率がほぼ100%であり、まさに働き方改革の先陣を切っている企業であると言えます。

ではなぜ企業は「三方よし」を目指さなくてはならないのでしょうか。

人間である以上、社長も社員も１日に持てる時間は24時間で、それ以上でも以下でもありません。寿命については個人差があるものの、経営者だから長く生きられるということもありません。会社がそうならお客様も一緒で、結局のところ世間は人で成り立っていますから、そこに大きな違いはないのです。

世間が人の集まりで出来ている以上、それがお客様であっても社員やその家族であっても、誰かが不幸になる商売は世間を幸せにはしない、世間が幸せにならない商売は続ける価値がない、今風に言えば持続可能な商売とは言えないということなのです。持続可能性を担保するためには、当然ですが適正利潤の確保が前提になります。三方よしの考え方でも、最初に「売り手よし」が言われているのはこのためなのです。

ラジエンスウェア社の経営理念では、「お客様」と「私たち」のことがクローズアップされています。では世間に対する目配りができていないのかというと、「安心」「ぬくもり」という考え方によって、間接的ではありますが対応しようとしています。同社が専門的ITシステムのベンダーであることを考えると、同社のサービスで世間が幸せを感じる場面は必ずしも多くないことから、このような視点に落ち着いたものと考えられます。

S社も同様で、元来が公共サービスに近い業態であることを勘案すると、顧客をどう意識するかという点で、一般の小売業・サービス業とはやや視点が異なっているところがあるのです。

このように「三方よし」は、各企業の立ち位置によって重心の置き方が変わるので、必ずしも3つの要素すべてが均等に謳われている必要はないのです。コトバとして謳われていなくても、それを社員と共有する経営者の意識には、常に「三方よし」が掲げられている、そんな姿が当たり前になることで、日本社会はより一層成熟した社会へと発展していけるのではないでしょうか。

社員が幸福を感じる瞬間（1）
―ディズニーの例―

アルバイトなのに士気が高いのはなぜか、という読み解き本が一時期ビジネス書としてベストセラーになりました。その後、逆にブラックではないかとの告発も相次いだ東京ディズニーリゾートのキャスト（多くはアルバイト）が本項のテーマです。確かに毀誉褒貶はあるのだろうと思いますが、なにせパークの規模も大きく歴史もそれなりに長いので、良い話もそうでない話もあって当然です。その中で、本になってしまうくらいにアルバイトの士気が高まった事例が数々あるのは紛れもない事実だろうと思います。実際にパークで接したキャストのパフォーマンスを見れば、それは一目瞭然です。

それでは、なぜアルバイトの士気を高く保ち得たのか。またその士気の高さは永続性を持ち得るものなのかということですが、「ギブ・ハピネス」というコトバに象徴されるように、来園客（ゲスト）が体験する夢の時間をサポートしているんだ、という使命感がもたらす満足度の高さがその要因であることは間違いなさそうです。

ディズニーの人材育成に関するいくつかの書物に触れると、そこで語られている「仕組み」の見事さに驚かされます。何よりまず「ギブ・ハピネス」が、パーク関係者全員による哲学として共有されていること。これは、言ってみればパークの経営理念を一言で表したものでもあるわけで、それをわずか一言で言いきっている見事さは出色です。

次に、アルバイトにも分かりやすく仕事の構造を単純化し、こなすべき作業としての「デューティ」と、果たすべき使命としての「ミッション」を表裏一体のものとして整理していることや、デューティの品質を一定に保つためのマニュアルの存在、それを対人コミュニケーションによって徹底させるための各種制度など、士気の高さを保つことが見事に仕組みとして機能するようにつくられているのです。

士気の高さと欲求の強さを分析した定番の学説といえば、「マズローの欲求5段階説」で、人事労務系のビジネス書では頻繁に引用されていますが、ここで図⑤を使って、士気の高さが何に由来するのかを見てみることにします。

マズローの考えでは、もっとも欲求が強く、モチベーションの面では低いとされるのが「生理的欲求」「安全の欲求」で、それを満たしてあげたからと言って士気が上がるわけではない、例えば、仕事中にトイレに行きたいであるとか、武装ゲリラに襲われずに通勤できるとかいう（やや過激な例ですが）ものが該当します。どんなに良い話を聞いている途

図⑤　マズローの欲求5段階説

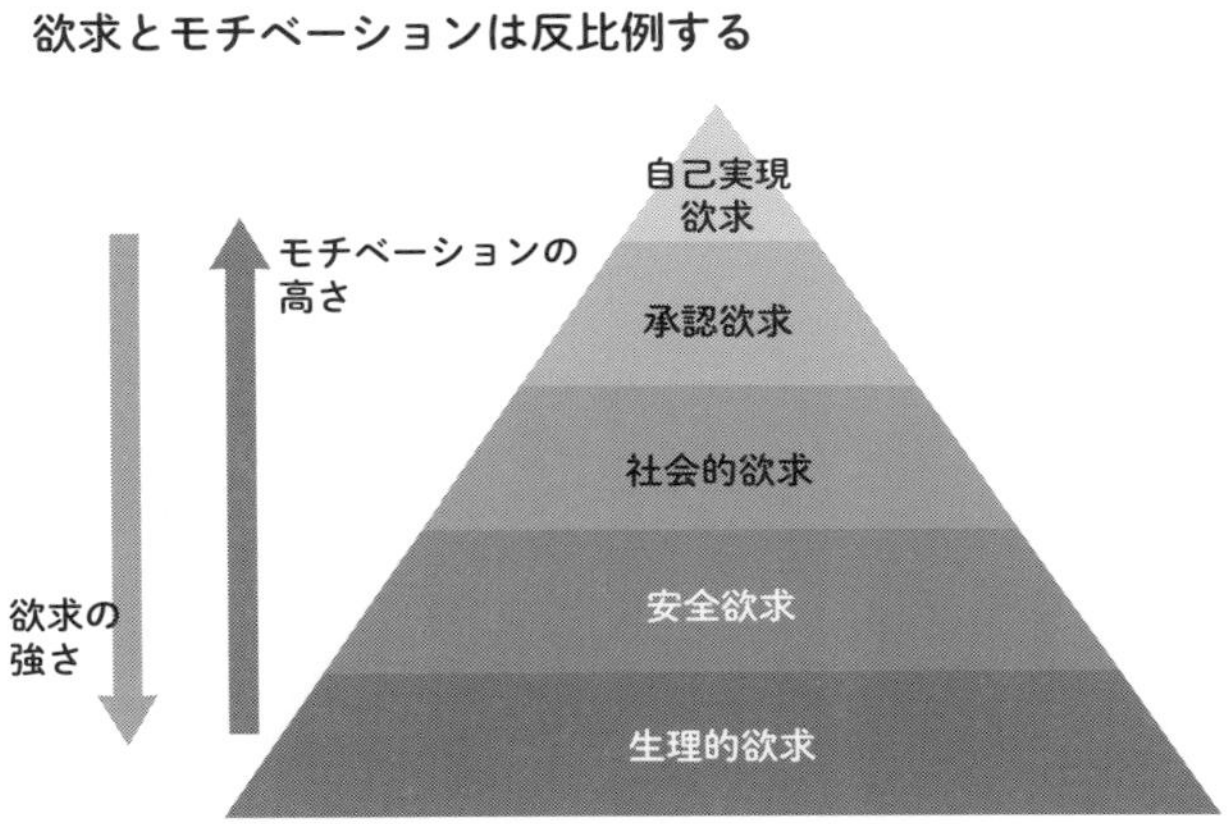

中でも、トイレが我慢できなくなったらトイレに行きますよね。ことほど左様に生理的欲求は強いのですが、満たされることによるモチベーションは決して高くはなりません。

その反面で、欲求は強くないがモチベーションが高くなる要因として「社会的欲求」（社会から認められ、褒められる）や「自己実現の欲求」（人生の目標を達成することができる）があります。これらの欲求は遠慮深く、あまり前面に出てくることはないのですが、満たされた時のモチベーションは、すごく高くなるという特性があります。

ディズニーが注力しているキャスト向けの施策として、ファイブスタープログラムやスピリット・アワードと称される報奨の制度があり、高いパフォーマンスを上げたキャストはその身分にかかわらず社内でスポットライトを浴びるチャンスがあるのだそうですが、これなどは「社会的欲求」の満足にフォーカスした労務対策であると見ることができます。

そもそも大学生や主婦のアルバイトが多く、卒業までの数年間を過ごした職場でスポットライトを浴びると、その経験だけで瞬間的にあたかも自己実現を果たしたかのような感慨を得る人も少なくないしょう。そんな経験をした人がディズニーに対して抱く思いとは、いったいどんな感情なのでしょうか。

社員が幸福を感じる瞬間（２）
―山田製作所の例―

ディズニーがどちらかというと期間限定のアルバイトに関するのに対して、大阪の製缶メーカー・山田製作所は大変ユニークです。この会社はすでに数多くのビジネス書や新聞に取り上げられた実績があり、ご存知の方もいらっしゃるかもしれません。

この会社の最大の強みは、地域に根差した家族経営と「３Ｓ活動」（整理・整頓・清掃）による職場保全を徹底して実施することにより、社員を会社の熱狂的なファンにしていることです。そんな社員たちが、必ず新卒採用するという若手に人生のイロハから徹底して教え込むことで高卒新入社員が数年後には立派な人材になる、そんな経営を実現させている会社です。

もともと同社は先代の社長である現社長のお父様が裸一貫から始めたプレスメーカーでした。日本経済の発展とともに成長した同社は何の特徴もない場末の加工場で、円高やオイルショックに振り回される「弱い中小企業」を絵にかいたような会社だったそうです。

現社長が弟さんと2人で経営を引き継ぐ中で、「これではいけない」ということで、3Sの実践を通じた内部的な経営改革に乗り出したのだとか。営業的には新規の顧客開拓など大変なご苦労があったことと思いますが、世の中に知られているのは、3Sによって大阪で1、2を争うきれいな製造現場になったこと、その過程を通じて社員が熱烈な会社のファンになったこと、そして会社の経営も好転し、その影響は社員1人ひとりのマインドセットに波及したことです。新入社員に人生哲学を含めた社会人としてのあるべき姿を語るうちに、数年前まで髪を金色に染めていた教育係の社員が、周りにも一目置かれるひとかどの人物になっていく、だからこそ中堅人材の得難い育成機会として新卒採用は重要な要素である。一通り社会を経験している中途採用の人材ではこうはいかない。そう信じる山田社長は毎年必ず新卒を採用しているのです。

慢性的な人手不足、人材枯渇と言われる今の日本経済ですが、人材については長い時間をかけた投資をしてきているので、まさに盤石な体制ができているということです。他社に真似のできない強みそのものです。

山田製作所のように、社員が会社の熱狂的なファンになると何が起こるか。同社もそうですが、社員が社会貢献を口にするようになるという変化を、私はいくつかの会社で目撃しています。これは、マズローの欲求5段階の「社会的欲求」の発露であると説明できます。すなわち、自らが所属する会社の事業が上手くいきだす（「安全欲求」が満足した状態）その先に、より高次のモチベーションを探していくと、ほぼ当然のように社会に対する働きかけを求めるということです。さらにその先には「社会的欲求」の上位にある「承認欲求」「自己実現の欲求」へと昇華していくと想定されます。自らの夢を実現したい、そう考える社員が出てきます。自社の社員がいずれそうなることを想定し、経営者は予めイメージトレーニングをしておいたほうがいいでしょう。

Future SWOT ワークショップを通じて実現されるアイディア・マイニングのプロセスは、実に効果の高い従業員満足を提供してくれます。社員を会社のファンにして、そこから湧き出る内発的なモチベーションを経営に活かすことこそ、Future SWOT を活用して経営者に実践してほしいことなのです。

円滑なコミュニケーションは何物にも勝る

ディズニーでも山田製作所でも、成功の秘訣は間違いなく社内のコミュニケーションです。しかもそのコミュニケーションに一貫した狙いがあって、それは間違いなく社員を会社のファンにするという方向を向いていました。

実際には「ファン」というコトバは使っていないかもしれませんが、目指す方向性はほぼ同じです。なぜそうなのかと言うと、会社のファンになった社員は自らの意思で積極的に会社の目指すところを共有しようとします。

マズローの欲求5段階における「承認欲求」に当たりますが、「生理的欲求」「安全欲求」など、社員自らが満足を求めようとする低位の欲求に比べると欲求の強度は強くないかもしれませんが、ひとたび満たされるとモチベーションが格段に高くなります。

そうやって会社のファンになった社員がお客様に接する時、明らかに以前の会話と違ってきます。心から信じるものを、一番買ってほしいと思う人にご案内できるチャンスだからです。

ディズニーのファイブスタープログラム、山田製作所の３Ｓ運動と新卒人材教育はそれぞれ、このための仕組みとして大変有効に機能しているのです。

長く続く幸福を仕組みで支えるためには

いくつかのヒントが出てきたと思います。

はじめにトップが（あるいは会社が）目指す明確な方向性があったということ。ディズニー（ハピネス）でも山田製作所（3S）でも、方向性は極めて明快で、全員が共有しやすいことが挙げられます。

次に社員が自律的に運用できるシステムになっていること。システム化することで、平準化された規範に基づいてオートマチックに実施されるので、幸福が再生産されるようになるのです。

最後に実施者となってくれた社員に対し、経営者として感謝を忘れないことが挙げられます。ディズニーが提供するファイブスタープログラムはまさに優等生社員こそが表彰される制度になっていますし、山田製作所においては若手指導を担当したベテラン社員のマインドセットは「会社」そのものになっているはずで、それだけ社長との距離が縮まったことを体感できるようになっています。山田社長の人心掌握術も、ベテラン社員への感謝を欠かさないことを重点としているのです。

社内の約束ごとはどうあるべきか

●全員参加であること

山田製作所の朝礼も、ディズニーキャストの研修も、必ず全員が参加する約束になっています。社員が無用な心の縛りを持たないようにするための最大のポイントが「機会均等」を仕組みとして保証することなのです。どうして自分だけという思いを社員が無用に抱くことのないように、全員参加を徹底させてください。

●選抜は全員に分かるように

全員参加の機会を通じて、社外での研修機会や社内でもFuture SWOTのセッションなどに、選抜されて参加する社員の紹介や選抜経緯などをしっかりと共有するべきです。そうすることで、機会は均等であっても結果に差が出るのが当たり前であること、誰にでもチャンスがあることを、事例を通して伝えます。

●予定を明示すること

「仕組み」の中でいつ何が行われるのか、時系列に関する情報は全員で共有することが重要です。特に「働き方改革」の流れでは、終業時間管理が大きな要素になってきていることから、参加できないメンバーが出ないようにする気配りは重要です。

●流れが変わるときはトップが自ら話をすること

突発的で部分的な話し合いが発生し、そこで重要なトピックが議論されてしまうことは、企業ではしばしば発生します。

そういうときは、自律的な仕組みに任せきりにせず、トップ自らが全員に対してなぜそういう変化が起きたのか、どうして変化させることにしたのかを、原則論に立ち返って直接説明します（ここで参照できるような「経営理念」が設定されていると素晴らしいのですが）。

●定期的に総括の機会を設けること

半期ごと、あるいは年に1回でも、継続的な活動がいつどのように行われ、それがどのような実績につながったのかを全員で共有する機会を持ってください。そうすることで、実績は社員の心に積み重なっていきます。2年、3年と続けていくと、決して崩れない自信として共有されます。

これらはいずれも、アイディア・マイニングを経営に応用するために有効な考え方です。Future SWOTは4〜5人で実施するのが効果的なのですが、それで全社員をカバーするにはどうすればいいか？　答えは「メンバーを変えながら少しずつ実施して、最終的には全社をカバーする」ということになります。

リーダーづくり

自律的な仕組みを運営していく上で欠かせないのが、社員の中にリーダーをつくることです。Future SWOTのようなツールを使用した仕組みでは、そのツールを使いこなすだけの知見が求められるのはもちろんのこと、出された企画を実践に移す段階で定点観測的なモニタリングを行うことが重要になってきます。これは、仕組みが会社にもたらす便益について、責任を持って管理するということを意味します。仕組みそのものの効果を確かめるわけではないので、リーダーとモニター役は兼任でも構いません。

よく聞かれる話なのですが、組織・人事的な処遇はどうすべきかという点についてお答えします。Future SWOTを使ったアイディア・マイニングの仕組み自体は、ごく付加的なものなので、新しい組織を必要とするものではありません。しかしながらリーダー役についいては、本人の自覚と決意を新たにしてもらう意味で、できれば人事措置を伴った任命が望ましいでしょう。段階的にスタートさせたいというような場合には、特命あるいは兼務発令でも構わないと思いますが、その場合は見直し期限を設けることで、いつまでも流動的な措置に止めないことを明示すべきです。

さらにこのような役割を担うリーダー選びは、選定のプロセスはさておき、経営者が直接任命することが重要です。また経営者はリーダーとのホットラインを維持し、双方向でしっかりと日常的にコミュニケーションを取ることを心がけてください。

この仕組みが上手く稼働すると、リーダーは当然ですが「会社の将来」について深い知見を持つようになります。次代の経営を担う人材の候補として重要なステップであることを経営者が明示的に認識しておくこと、そして任命時に本人の自覚を求めることも重要なポイントになります。

しばらくやってみて、万一リーダー役がうまく機能しない場合には交代もあり得ることを納得させておくことも重要です。、交代の際には再チャレンジの機会を用意した上で人事的な措置を取るようにしてください。

仕組みの運営がリーダー役の育成を左右し、ひいては会社の将来を決定づけるものになることを、十分理解していただくことが重要です。

会社の長期繁栄について経営者が果たすべき役割とは

本書のあちこちに出てくる「たくさん目のついた飛行船」というシンボルは、私がイメージする会社そのものを表しています。

社員それぞれが与えられたポジションで、与えられた仕事をしながら周囲を見ている。でもその目に映る景色は、ポジションによって実はちょっとずつ違う。違う景色を見ているから同じ課題への答えも少しずつ違う。それらすべてを全力で活かす使命を経営者こそが負っている。

コトバにすると、だいたいそんな感じなのですが、そう考えたときに「果たして経営者は本当に社員の持つ情報を活かし切れているのか」というのが最初に感じた疑問でした。情報を吸い上げる仕組みを上手く活用して、社員が目撃した情報を上手く経営に活かせるようになると、会社が長期繁栄するための必須条件である外部環境への対応について、先手先手を打つことが可能になります。さらにリーダー人材の育成が上手く進めば、世代交代への布石も手抜かりなく済ませておくことができるので、長期にわたる会社の繁栄を現実的な目標として捉えられるようになるのです。

そのような構図を社内外に提案し、自らの責任において実施すること。経営者に求められる役割を一言で言ってしまうとそうなります。その上で、繰り返しになりますが社員全員にとって拠り所となる「経営理念」を明文化し、常日頃から参照しつづけること。なんだかお寺のお坊さんが毎朝唱える念仏みたいな話ですが、ある意味で念仏と同じように、全員が共鳴できる経営理念を会社に植え付けることこそ、経営者に求められる究極の役目なのです。

＊　＊　＊

本書でご案内した「アイディア・マイニング」のための仕組み導入が上手くいくと、社員が生き生きと働くようになります。職場の士気全体が上向きになり、社員各人のモチベーションも高くなります。何よりお客様が納得してくださるようになるので、そんな会社の売上げが上がらないわけがありません。

仕組み導入から5年、10年と、社員が輝く会社として成長を続けることは、別世界の夢物語ではないのです。

まとめ

第６章でお話したことは以下のようなものです。

①会社にとって、利益の確保は絶対的に重要だが、同時に会社はパンのみにて生きられる存在ではないこと。

②三方よしの経営は現代にも通じる普遍的な考え方であり、業種によって重みづけは変わるものの、経営理念に反映されるべき重要な要素であること。

③社内の円滑なコミュニケーションこそが三方よし経営の基礎であり、経営者は常にオープンなコミュニケーションを心がけること。またそれを通じて社員を会社のファンにすることで、お客様へのメッセージは力強いものになり、社内コミュニケーションの仕組みは自動的に動くようになること。

④人事措置を含む、そのための約束事をきちんと作り上げること。

⑤経営者は、社員すべてが拠り所とできるように「経営理念」を整備し、仕組みの運用を通じて自らの後継者となるようなリーダーの育成を進めること。

コラム：「人生の時計」の話

どんなに考え方が近くても、あるいはお互いにお互いを認め合い意気投合しても、ベテラン社員と中堅・若手社員の間には埋めがたい差が残ります。それが定年退職、あるいはいつまで働けるかという残り時間の違いです。雇用延長などの措置によって多少は緩和されるかもしれませんが、役職定年制や業務分担見直し、あるいは新人の加入など様々な要因で、その関係は次第に変化していかざるを得ません。いわば「人生の時計」みたいなものです。中堅・若手にとっては、同じ境遇に置かれた会社の先輩であるはずのベテランも、残り時間についての考え方が微妙に異なるのだということを、ちょうど良い機会なので、アイディア・マイニングのワークショップを通じて再認識してもらってはいかがでしょうか。

残り時間の少ない人が、長期の経営に関する意思決定をすることの矛盾に気づくとき、ワークショップの持つ意味が改めて重要なものであることをご理解いただけると思います。

30代ではまだ実感が湧かないかもしれませんが、40代も後半になると体力の衰えとともに俄然現実味を帯びてくるのが「人生の残り時間」と言う考え方です。日経新聞によると、現代日本における男性の健康寿命は約71歳だそうで、もしもこの数字が変わらないとすると、定年延長にも限界があるということになります。現実には、全世界的に寿命は延びているようなので、この数字も少しずつ先へ延びるのかもしれませんが、誰もが皆70歳過ぎまで元気で働けるというわけではありません。

就職してから四半世紀を過ごすことになる40代後半は、その意味で職業人としての人生折り返し地点です。

これでわかった！
Future SWOT 実践ガイド

https://futureswot.com/

Future SWOT カードゲーム

本書の第2章でもお話しましたが、カードを使わなくてもFuture SWOTを実施することは可能です。グループワークのできるメンバーが5人集まって、会社の10年後についてしっかりしたブレーンストーミングができればそれでいいのですが、自由度が大きい分だけ成果の品質についての振れ幅が大きくなり、また参加メンバーのスキルによっても成果の品質が大きく変化する余地が残ってしまいます。

Future SWOT カードゲームの遊び方フロー

1. 経営理念を理解する
2. カードとチップを 5 枚ずつ配る
3. 「10 年後、どんな?」で
アイディア出し
4. S/W/O/T に分類する
アイディアをある程度まとめるとやりやすい
5. 戦略案を作る
S→O、S⇔T、W←O、W⇔T
6. 「チャンピオン戦略」を選ぶ

現在の SWOT 分析がある場合は、
それと対照してみるとよい。

そこで導入されたのがFuture SWOTカードゲームです。このカードを使うことで、ある程度の品質を担保することが可能になります。さらにメンバーの練度が上がるにつれて成果品質も上がりますので、可能であれば数週間のインターバルを置いて何度か試してみることをお勧めします。

Future SWOT カードゲームの使い方

ファシリテーターを入れて1班5〜6人で構成する。

1、「10年後のありたい姿」を「夢カード」を使って作成する。
カードを良くシャッフルして班員に配る（1人5枚）。枚数に差はつけない。
チップは1人5枚ずつ配る。色は変えても変えなくてもよい。

2、順番にカードを1枚場に出して、「10年後のわが社には、どんな？」とカードのキーワードを結び付け、なるべく具体的に夢を語る。
（情報カードゲームから引き続きゲームを実施する場合は、テニススクールA社の正社員になったつもりで考える。）

例：「職場」の場合、例えば「10年後の職場は、テニスコートが新築になっている」、あるいは「なったらいいな」の場合、例えば「10年後には、忘年会で帝国ホテルのステーキを食べてられるようになっている」など。

3、**発言したら山からカードを1枚引く。**

なお、人の発言に触発されて追加発言したい人は、本来の発言者にチップを1枚支払って発言できる。手元のチップがなくなったら発言権が消える。最もチップを集めた人が、グループのアイディアを引き出した人なので優勝者となる。

4、**モデレータ、または専任の書記がパソコンで発言内容を書き留める（パワーポイントで作成された「タイル」テンプレートを提供していますので、これを使うと良いです）。**

5、**カードの山がなくなったら終わり。その時点で残っている手札は、他の人に見せずに伏せておく。**

6、**タイルの発言内容を、仕分けられるものだけ強み（S）、弱み（W）、機会（O）、脅**

威（T）に仕分け、仕分表またはクロス表に転記する。
アイディアはある程度まとめるとやりやすい。

7、クロス分析を行い、戦略の方向性を明らかにする。
ここで言うクロス分析とは、①強みを機会に投入する、②強みで脅威を回避するには、③弱みで機会を逃さない方策とは、④弱みで脅威を増幅させない措置とは、という戦略案の導出方法です。

8、この戦略が成立するためには、10年後に「強み」を実現していなければならない。
それはどのようにすればよいか？　また「弱み」をできるだけ避けるためには何をしなければならないかを議論する。

9、議論された内容と現実のギャップついて、それを埋めるためのタスク、実施タイミング、想定される担当者について参加者の見解を整理する。

10、最も採用したい戦略案を「チャンピオン戦略」に選定する。もしあれば、現状のSWOT分析と対照してみると面白い。

情報カードゲーム

本書の読者には、ＳＷＯＴ分析を経験したことがないと言う人も少なからずいらっしゃると思います。一口で経営環境を強み・弱み・機会・脅威に分けて考えるといっても、その性格は経営戦略によって大きく影響を受けます。例えば、スパルタ講師はお受験学習塾では強みかもしれませんが、同じ塾が基礎学力作りに重きを置くようになると優しくて懇切丁寧な講師のほうが強みとなり、スパルタ講師の強みは消えてしまうかもしれません。

このように、「ＳＷＯＴ分析は戦略の取り方によって変化する」ことを体験してもらうために用意されたものが「情報カードゲーム」です。いわば、Future SWOT の入門編、あるいは基礎編といった位置づけです。

この使い方については以下をご参照ください。

Future SWOT ／
情報カードゲームのフロー

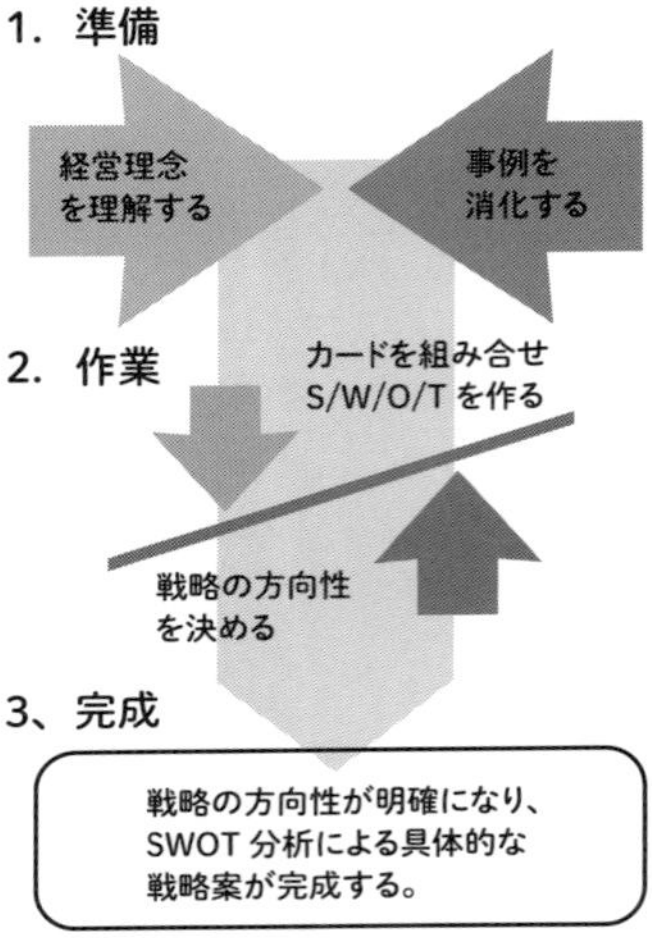
1. 準備
経営理念
を理解する
事例を
消化する
2. 作業
カードを組み合せ
S/W/O/T を作る
戦略の方向性
を決める
3、完成
戦略の方向性が明確になり、
SWOT 分析による具体的な
戦略案が完成する。

情報カードゲームの使い方

このゲームはＳＷＯＴ分析の基礎を身につけるための補助的なゲームなので、参加者間の優劣はつかない。班が２つ以上できる場合には後述の通り勝敗をつけることができる。

1、　1班5〜6人で班編成する。

2、　スライドで事例を紹介する（後継者の決まっていない中小テニススクール）

3、　班内の役割を決める。

正社員コーチは事例のコアなので、お互い相談できるように必ず2名以上を配置する。

（ア）社長×1

（イ）正社員コーチ×2

（ウ）アルバイトコーチ×1〜2

（エ）事務員×1

4、「情報カード」53枚を良くシャッフルし、社長8枚、正社員・事務員各5枚、アルバイト3枚ずつ配り、残りを場に広げる（職位による枚数の差は「ジョハリの窓（図）」の大きさの差を想定したもの）。

青札は社長、赤札は社員・事務員、緑札はアルバイトに必ず持たせること。

	自分は知っている	自分は気付いていない
他人は知っている	「開放の窓」 自分も他人も知っている自己	「盲点の窓」 自分は気付いていないが他人は知っている自己
他人は気付いていない	「秘密の窓」 自分は知っているが他人は気付いていない自己	「未知の窓」 誰からも知られていない自己

5、経営理念を参照し、テニススクールの目指す方向性を考える。

6、各自の考えがまとまったら、場に広げたカードと手札を組み合わせるか、または単独で、強み（S）、弱み（W）、機会（O）、脅威（T）のいずれかに分類されるようカードを仕分けていく。発言順は時計回りに、トランプゲームの要領で進める。

7、一定の情報としてまとまっているが、S、W、O、Tのいずれにも分類できない情報は「分類不能」

として分類不能の欄に捨てることができる。ちなみにカードの内容は、議論が尽くされれば分類不能情報の量は極端に少なくなるよう設計されているが、時間がなくて議論が深掘りできない場合、その量が増える場合もある。

8、他の人が近いカードを出したとき、自分の手札の情報が役立ちそうだと思ったら「乗ります！」といってカードを提供できる。そこで班の全員が討議に参加し、カードの組み合わせが成り立つかどうかを審議する。

最終決定権は最初のカードを出した人にあるので、班内の議論を踏まえて「併せ札」になると判断した場合には一度にそれらの札を場に捨てる。

なお、3人目・4人目の「乗ります！」も、班内の議論が成り立てば有効である。

これは社内の円滑なコミュニケーションがとれていればいるほど情報の共有化が進み、ジョハリの窓が小さくなる要素をシミュレートしているもの。

逆に、本来反応すべき情報に対してアンテナが立っていないと、コミュニケーションも成り立たず、分類不能情報が増え、結果としてSWOTの完成が遅れ、品質も高められなくなることがゲームの設計値に織り込んである。

9、これを順番に繰り返す。

10、場の札と手札がなくなった班が出たらその時点でゲーム終了。

11、2位以下の班は捨てられた札の枚数を確認する。

捨て札が多い＝情報処理が進んでいるという判断から、捨て札の多い班が上位となる。捨て札が同数の場合、手札の少ない班がそれだけSWOTに手持ち情報を活用できたという判断により、上位に位置づけられる。

12、2位以下の班も、制限時間いっぱいまでかけて仕分表を完成する。

その際、使えなかった札は無理に反映する必要はない（限定的情報による経営判断は日常茶飯事である）。

13、完成した仕分表からポストイットをクロス表に移し、「経営理念」と照らし合わせながらクロス分析を完成させる。

14、クロス表に記された複数の戦略のうち、もっとも優先度の高いものを「チャンピオン戦略」として選定する。

参考文献

メンタル・マネージメント　ラニー・バッシャム　藤井優　星雲社
発想法　川喜多二郎　中公新書
パーティー学　川喜多二郎　教養文庫
脳はなにかと言い訳する　池谷祐二　新潮文庫
ファンベース　佐藤尚之　ちくま新書
失敗の本質　戸部良一・野中郁次郎ほか　中公文庫
組織の不条理　菊澤研宗　中央公論新社
作戦司令部の意思決定　堂下哲郎　並木書房
オープン・イノベーションの教科書　星野達也　ダイヤモンド社
ディズニーの最強マニュアル　大住力　かんき出版
仕事のビタミン（山田製作所の事例）　２０１２年　朝日新聞連載記事

あとがき

本書を手にしたとき、何かビビッと閃くものがあったとしたら、読者のあなたは著者の私とどこか似通った感性をお持ちなのかもしれません。

アイディア・マイニングそしてFuture SWOTが形になるきっかけとなったのは、2013年に出会った某印刷会社の社長と、そこを一斉退職しかけていた社員たちとの間を取り持ったという経験でした。どんなに優れた経営者でも、円滑な社内コミュニケーションを軽視しては経営そのものが成り立たないことを、肌身に感じた出来事でした。

その後、様々な方からアドバイスをいただきながら、カードゲームとして何とか形になったのが2017年秋のことでした。それからさらに1年半ほどかけて本が形になるまでにも紆余曲折があり、さらに様々な先達からの暖かい励ましの声などに支えられてようやくここまでたどり着いたという感じです。

カードゲームをぜひ使ってみたいという方は、当社ウェブサイトからご購入ください。使ってみて、不明な点や改善したほうがいいと思われる点がある場合も当社ウェブサイトからコメントをいただければ幸いです。

ワークショップの方法をお伝えする機会も少しずつ増やしていきたいと思っています。さらにその先の、自社でワークショップを実施して経営戦略を内製する仕組みづくり（明日コン）についてもぜひ全国へ広げていきたいと考えています。

最後にこの場を借りて、開発に協力してくれた太田翔さん他若手スポーツマンの諸君、これまでお世話になりましたＮＡＯの髙田さん、ラジエンスウェアの中嶋社長と社員の皆さん、ジョーカーの大野さん他Future SWOT協議会に力を貸してくれた皆さんに、さらにスタジオ02の大関さん、静雲堂の中込さんにも心から御礼を申し上げます。この本を実現させる上で辛抱強くお付き合いをいただきましたロギカ書房の橋詰さん、いつも適切なアドバイスをくれた日本コンサルティング推進機構の五藤さん、本当にどうもありがとうございました。いつも力になってくれる家内の万智子にも心からありがとうと言わせてください。

Future SWOTが、あなたの会社の未来を拓くカギになりますように。

２０１９年2月　自宅にて

ニシダ ジュン

㈱ＦＳコンサルティング
〒107―0062　東京都港区南青山二丁目2―15―942
TEL 03-5468-7276
Fax 03-3546-9846
ウェブサイト https://fs-consultant.net/
電子メール　info@futureswot.com

ニシダ ジュン

㈱ FS コンサルティング代表取締役社長　Future SWOT© 開発者
知識活用に強みを持つコンサルタント。
1959 年北海道生まれ、北海道大学経済学部卒、新日本製鐵㈱、国連工業開発機関を経て 2008 年に独立。その後欧州復興開発銀行（EBRD）、国際協力機構（JICA）などで世界各国の産業開発案件に関わる傍ら、国内企業向けに経営戦略立案と実践を継続的にサポートしている。サラリーマン時代から 30 年以上にわたり一貫して小集団活動やプロジェクト現場における共有知の価値を研究し、経営環境を踏まえた共有知の形成に SWOT 分析が応用できることを発見。このメカニズムを利用してカードゲーム・Future SWOT© を開発。企業経営者から高い評価を受け、コンサルティング実務に応用。着々と成果を上げている。
環境ビジネスコンサルタントとしての顔も併せ持つ。中小企業診断士。

Future SWOT が組織を変える
社員のアイディアを吸い上げて、会社の 10 年後を見通せ！

発行日　2019 年 4 月 15 日
著　者　ニシダ ジュン
発行者　橋詰 守
発行所　株式会社 ロギカ書房
〒 101-0052
東京都千代田区神田小川町 2 丁目 8 番地
進盛ビル 303 号
Tel　03（5244）5143
Fax　03（5244）5144
http://logicashobo.co.jp/

印刷・製本　モリモト印刷株式会社

定価はカバーに表示してあります。
乱丁・落丁のものはお取り替え致します。

978-4-909090-22-5　C2034